聖徳太子
倭国と東アジアの変革

磯部　隆

大学教育出版

聖徳太子　倭国と東アジアの変革

目次

序章

テーマの起点を求めて

一　法隆寺への道

聖徳太子とその時代に近づくためには、どのような課題を立てるべきなのだろうか。課題は多くあるのだろうが、その起点をどこに設定すべきか。

ふつうの歴史研究の場合であれば、研究史を整理することから始めるのが良いだろうが、太子研究の場合には、あまりにも研究業績が多く、研究史整理それ自体が目的となり、そこから抜け出すことが出来なくなる危険がある。また、太子関係の文字資料は少なく、しかもそれらの史実性（歴史記録としての信憑性）をめぐって、激しい意見の対立がある。一方には、聖徳太子という人物はのちの時代の作りあげた虚構で、実在しなかったという意見もあり、他方には、聖徳太子伝承の非歴史的性格を認めつつも、しかし伝承の核には実在した聖徳太子についての記憶がひそんでいるとする意見もある。

このような意見の対立が生まれるのは当然のことかもしれない。というのは、古代において、その後の歴史の流れを変えるような人物は、自分の思想について書いたりはせず、むしろ語り、行動したからである。ソクラテス、イスラエル預言者、釈尊（ブッダ）、孔子、イエス、いずれもそうである。それに対して、古代において「書く」人間は書記であり役人であり、伝統のなかの存在であるにすぎない。

過去の偉大な人物は、この伝統に亀裂をもたらす存在であり、その緊張に満ちた歴史展開の時、その人物についての伝承の核が生じる。したがって、聖徳太子の場合にも、特に『日本書紀』に集められている伝承を吟味し、そこに歴史上の出来事の痕跡があるかどうかを検討することが課題となるが、『日本書紀』の伝承の判定基準となるような、碑文その他の文字資料は少なく、その史実性をめぐる意見対立は激しい。

したがって、聖徳太子とその時代にアプローチするためには、一度、文字資料から離れて、太子の実在性を証《あかし》する斑鳩《いかるが》の法隆寺を訪れて、太子研究の諸課題、とりわけその起点について考えてみることが必要であるのかもしれない。聖徳太子が歴史上、どのような諸課題を背負ったのか、そのことを探究することが太子研究自身の出発点となるだろう。

法隆寺は再建されたものではあるが、聖徳太子の存在とその意味の一端を今に伝えるとともに、東院の地下には上宮王家(太子とその子山背大兄王《やましろのおおえのおう》の一族)の宮殿遺構が横たわっている。太子について語ろうとするならば、誰もがまず、法隆寺に参詣し、伽藍を仰ぎみて、太子のかかえた課題へ想いをめぐらし、少なくとも太子ゆかりの本尊・釈迦三尊像への参拝を済ませておくべきだろう。

ところで、その参拝だが、直接に斑鳩の地を訪れるのではなく、入江泰吉氏の写真集『法隆寺』に導かれるまま行うこととしたい。(1)　写真家の眼と感性そして技量は、私の肉眼の力をはるかに越えて、深く対象に迫っていくからである。

写真集『法隆寺』の最初の図版には、「法隆寺への道」というタイトルがついている。順次眺めていくことにしよう。

1　「陽春　斑鳩の里」(題は入江氏)　画面全体、幾本もの複雑にのびる枝に白や淡紅色のあんずの花がびっしり、八重に咲き乱れる姿が、至近距離から写し出される。その花の枝のすき間上方遠くに、ぼんやりと、陽炎のように輪郭を失った五重塔遠景が、春霞の空の下に見える。陽炎も霞もカメラの技巧の所産であろう。写真家は単に春の季節感を表現したかっただけではなくて、いまは輪郭を失っている、その五重塔の本当の姿を見たい、という心を私たちに喚起し、その心をエネルギーとしてこれからの法隆寺への道を共に歩もう、と誘っているにちがいない。聖徳太子とその時代の探究は、まず知への憧憬から始まる。

2　「斑鳩れんげ畑」　豊かな生活感あふれる赤い敷物のれんげ畑、緑のあぜ、再びれんげ畑の広がり。左側に枯草の束。遠方にはうす青い空の下に丘すそが水色のシルエットをつくり、その一角に輪郭を取りもどした五重塔。配色美しい田園風景の要は、この遠方の五重塔だ。そうした私たちの美意識は、永い年月の生活のなかで育まれ、今も日本人の心の奥にひそんでいる。

私たちの心は生まれた時には白紙だった。親たちの世代の美意識や価値意識がその白紙の上に印影を結び、やがて私たち自身の世代の新たなものがその上に重なって、重層化する。ところが、その親たちの世代もその前の世代のものを受けついでおり、この継承関係は遥かな過去にまで延びてゆく。だから私たちの心には、たとえば輪切りにした樹木の年輪のように、過去が層をなして内蔵されている。ということは、聖徳太子の探究は、太子以前の日本人の価値意識とそれに亀裂を与えた太子以後の価値意識との、そのいずれをも、自分自身の心のなかに探ることでもあるだろう。過去の探究は無意識下にひそむ自我の探究でもある。

3　「幸前《こうぜん》池畔よりの眺め」　先ほどのうす青い空から今度は淡いバラ色の空。梅雨の晴れ間の残照が、池の中央に、さざ波に揺れる黄金の道をつくる。この美しく変幻する池の面さえも、それぞれの存在の実体性《サブスタンティア》＝自存性を否定する仏教の理《ことわり》を表している。聖徳太子とその時代は、なぜこの理を基軸とする新しい世界像を必要としたのだろうか。池の光の道の彼方に眼をやると、緑の田、瓦屋根の集落、後方に五重塔。かつて、その塔は、倭国革新の象徴だった。

4　「斑鳩の里　落陽」　夏の太陽が燃えつきて、黄色の円となって落下する。大空はだいだい色に染まり、広がる雲の縁《ふち》は金色の帯となる。逆光を受けて、前景に真っ黒な丘のシルエットが写し出され、その中からくっきりとこれまでにない大きさの塔がそびえる。塔先端の九輪や露盤、軒を広げる第五および第四の塔上層。五重塔は丘の黒いシルエットの中にありながら今、明確な輪郭をもち、自然のなかに埋没しない人間の「精神」を表している。この「精神」の根幹は自立性である。幸田露伴の小説『五重塔』の主人公十兵衛は、「技量《うで》もないくせに知恵ばかり達者なやつ」「浮世のりこうな人たち」を嫌い、源太親方の最初の申し出に対しても「十兵衛は馬鹿でものっそりでもよい、寄生木《やどりぎ》になって栄えるは嫌いぢゃ」と、拒絶する。けれどもこの誇り高き自立する心は、ついには源太親方の、「自己《おの》が精神《こころ》を籠《こ》めたるものを惜しげもなく譲りあたふる、胸の広さ」をも拒絶して対立を生み、傲慢さと紙一重になる。

　しかし今、黒いシルエットから現出する塔は、精神の自立性ばかりを表しているのではない。それは起伏する大地が天空に向かって合掌する姿を表しているのだ。だから塔は優美である。

5　「深秋　五重塔」すすきの群れを前景にして、再び五重塔は遠方に退くが、しかし秋の澄んだ空気のなかで塔はシルエットから抜け出し、第五層と第四層との間に高欄が見える。

6　「暮れなずむ五重塔」秋が深まり、五重塔は前よりも大きく写し出される。私たちは五重塔に近づいたのだろうか、それとも五重塔が私たちに近づいてきたのだろうか。対象を知るということは、対象が自らを開示することによってのみ可能であるような気がする。対象が自らを開示するとは、彼《あれ》と此《これ》との、突然の符合であり、対象が私のなかに引き起こす出来事である。だから、聖徳太子を知るということは、聖徳太子と出会うということだろうし、実証史学はこの出会いの場を準備はするけれども、出会いそのものを与えるわけではない。聖徳太子が自らを開示し、私たちが聖徳太子と出会うためには、聖徳太子という存在の「意味」について、こちら側から自分自身を投げかける必要があるだろう。今、法隆寺への道を歩いているのも、この「意味」のありかを求めてのことである。

7「雪日　西院堂塔」　最上層の瓦屋根に雪の筋をつけた塔が現れた。その隣の樹木の背後に金堂の屋根が見える。春・夏・秋・冬、一年を経てようやく法隆寺に着いた。

8「南大門より堂塔を望む」　南大門入口を額縁のようにして、大空を背にした五重塔と中門。カメラのアングルは敷居近くの低い位置からのもの。この位置は芸術的考慮と同時に、写真家の法隆寺に対する畏敬の念を表白しているのかもしれない。敷居を足でまたぐことをためらっているかのようだ。

9「鏡池より西院伽藍を望む」　中門から東に延びる回廊が直角に向きを北に変える地点上方から、左手に中門、その右に五重塔、さらに右に金堂、少し背後に大講堂。

かつて西院伽藍の全景写真を撮影するために、法隆寺精霊院の鏡池の東南角に、高さ十メーターばかりのヤグラ風の足場が組み立てられた。その危険なヤグラの上で、八十歳という白髪の老先生が、いとも明るい表情で真剣にカメラを覗いておられるお姿に接し、たゞたゞ驚嘆したことであった。(大野可圓師による入江写真集への序)

10「夕月　南大門」　写真集はここで一つの論理矛盾を犯している。すでに南大門を入ってヤグラの上から西院全景を撮ったはずなのに、今、ふたたび南大門が外側から写されているからだ。なぜこの論理矛盾が生まれたのか。東の空に白い満月が浮かび、西からの淡い残照が軒丸瓦の列を浮かび上らせ、白壁をやわらかなオレンジ色に染め、古びた太い柱や木組みをしっかりと映し出す。その風景が、写真家にとっては、自らの感性に流れる遠い過去の現出のように思われ、かつて、いつか、この場にいたかのような錯覚にとらわれ、おそらく西院全景の写真をとった帰路、予定外のこの「夕月　南大門」を撮影したのである。

11　「南大門よりの景観」　カメラは再び南大門をくぐり抜ける。白い石だたみの道がまっすぐにのびる。その突きあたり正面にどっしりとした二重の瓦屋根の中門、左背後に五重塔。

12　「中門」　中門近景、太いエンタシスの列柱が重い豪壮な建造物を支える。門の両脇には筋骨たくましく忿怒の形相の金剛力士立像。法隆寺の創建は大和政権の中枢に立つ聖徳太子によるので、この中門は太子のイマジネイションに関して一つの推測を促してやまない。つまり、太子の眼にはこの中門と新しい国家像とが重なって映っていたのではないか、と思われるのだ。中門は仏の世界への通路であり、金剛力士像の忿怒はこの通路をくぐろうとする人間の魂を浄化する正義そのものを体現する。新しい国家も仏の世界への通路であり、そのための正義を備えねばならない。芥川龍之介の『羅生門』が一つの時代の滅びのリアリティーを表現しているとすれば、法隆寺中門は新しい時代への理想のリアリティーを表現しているだろう。中門は重厚でいて、しかもみずみずしい若さがみなぎっている。写真家の繊細な感性がその感触を的確にとらえる。

13-16　金剛力士像二体それぞれの、上半身および顔形クローズアップ。激しい怒りの表情、激しい怒りの動き、にもかかわらずその怒りのなかにどこかヒューマンな悲劇性がある。金剛力士の怒りは、単なる感情の発露ではなくて、怒るべき時には怒らねばならないという使命意識に由来する。

17　「中門のエンタシス柱」　もし中門が新しい国家像を象徴していたとすれば、これらの太く丸味を帯び、堅固でありながら、なお和《やわ》らかな列柱は、国家を支える豪族たちの将来像を象徴していたかもしれない。彼らが「党」意識から脱却して「私」を捨てなければ新しい国家の担い手となることはできない。一本のエンタシス柱は、決して単なる丸太ではなくて、みずからのなかに内面化した中門全体を含んでいる。中門という建造物はさまざまな部分の組み立てにほかならないから、全体である中門は、それぞれの部分が共有する全体イメージの実現である。たとえば柱や壁がこの共通の全体イメージを失って、「私」に固執するならば中門は成り立たない。柱や壁のように、当時の豪族たちが「私」を捨てるために仏教は必要とされたのではなかったか。そのように、国家と中門とを重ね合わせるようにして、太子は中門のエンタシス柱を見つめていたのではなかろうか。

そして、もしそうであれば、中門正面の入口中央という異様な位置に立つ柱は、太子にとっては王家あるいはみずからのあるべき姿としてあったのかもしれない。なるほど現在の法隆寺は聖徳太子没後、ずっと後に再建されたものではあるが、しかしそれは若草伽藍（元・法隆寺）の礎石を転用し、「若草伽藍そのものを西院伽藍（現在の法隆寺）へ移建するという伽藍全体の造営計画」によって再建された。(2) だから聖徳太子は今と同じ姿の中門を見つめていたのである。

18 「東回廊」 一点透視図法の角度から見ると、整然とならぶ列柱は理知と儀軌《ぎき》を想わせる。幻影のなかを、姿勢を正した古代法隆寺僧の列が、歩を進めてゆく。

19 「西回廊」 角度を変えて見ると、木の繊維を傷つけぬ手斧《ちょうな》や槍鉋《やりがんな》で削った柱はそれぞれの礎石の上に生きた顔を表し、自由で頼もしげで軽やかだ。法隆寺を支える柱は一三〇〇年生きてきた。(3)

20 「回廊連子窓」 回廊の内側は列柱、外側はひざから上、縦格子をならべた大きな連子《れんじ》窓になっている。中門から左右に発し、金堂と五重塔を囲む回廊が列柱と連子窓から成っていることには、思想的な必然性がある。回廊で囲まれた空間は仏のいます神聖空間だ。ところが他方、回廊外側が連子窓で構成されるのは、この神聖空間と外界（娑婆《しゃば》世界）とが壁によって分断されないということを暗示する。仏教は「存在」の実体性《サブスタンティア》を否定したのだが、その主要な眼目は「存在」が他の「存在」に対してもつ壁を取り払うためだった。「存在」のもつ壁は虚妄の意識から生成する。連子窓は通風と採光のためばかりではなくて、仏の世界が娑婆世界に開かれていることを語っているのであり、一切の「存在」が他に対して透明な、壁をもたぬ「存在」であることを教えているのだ。虚妄の壁を破りさえすれば、我と汝、彼《あれ》と此《これ》、いっさいの対立を越えることができる。聖徳太子が仏教を礎《いしずえ》にして国を立てようとしたとき、人と人、地域と地域、国と国、すべての対立を越える世界の構築をめざしていたのではなかろうか。

21　「金堂」　ずっしりと重く、優雅に、それでいて鋭角に軒をのばす入母屋屋根、その下ゆるやかに軒を広げる初重の瓦屋根、その間に高欄があり四面を囲んでいる。瞑想をおえた仏たちがこの高欄で経行し、彼方の娑婆世界を見つめているかのようだ。初重の屋根の下は、板葺屋根をのせる裳階《もこし》。裳階は連子窓と同じ原理で作られている。

22　「金堂高欄《こうらん》・卍《まんじ》字崩し」　高欄の木組みの美しい文様。

23　「金堂高欄・纏竜柱《てんりゅうちゅう》」　江戸時代の作である。江戸時代の人は高欄を経行する仏の幻の姿を見た。だから高欄近く四隅の柱に、仏を守護する竜の像を刻んだ。

金堂外面の撮影はこれで終わり、カメラはいよいよ金堂内陣《ないじん》に入る。

二　釈迦三尊像

金堂内陣中央に、釈迦三尊像が南面する。釈迦如来坐像をまん中にして、向かって右（東がわ）と左（西がわ）にほぼ左右対称の菩薩立像が並ぶ。

三尊像のうしろの光背には、造像記と呼ばれる銘文がある。それによれば、推古二十九年十二月、聖徳太子の母が亡くなり、翌年正月、太子と妃《きさき》がそろって重い病気にかかって床についた。王子たちや諸臣は深く愁《うれ》えて、太子と同じ身長の釈迦像を造ることを発願し、その願力によって病気回復と長寿を祈り、もしそれが成らぬ運命であるならば、死後すみやかに浄土に登ることを祈った。一か月後、二月二十一日、妃が亡くなり、翌日、太子も亡くなった。翌年、推古三十一年、三月、釈迦尊像ならびに脇侍《きょうじ》（両菩薩像）が止利仏師により造られた。

この銘文は、これまで時折、史実性を疑われることもあったが、今では信頼できる歴史記録として認められている。(4)

三尊像は、太子没後丸一年をかけ、深く太子への想いを込めて造られた。いわばそれは太子の追善と同時に、太子の全生涯のモニュメントとしての性格をもっている。つまり、太子の全生涯の「意味」を凝縮し、それを回想する想いを込めて造られた。もしそうでなかったならば、舶載《はくさい》の金銅仏を安置して、病気平癒・往登浄土《おうとうじょうど》を祈れば済んだはずだ。そうではなくて、釈迦像を太子と同じ身長にし、太子生涯の「意味」を、仏に対しても人間に対しても、顕彰するために造られたのである。後の時代のように太子を信仰の対象としているのではないが、しかし同時代に生きた人びとが太子の人格と生涯のもった「意味」をかかげ、証《あかし》しようとしているのだ。釈迦三尊像にこめられたその「意味」はどこにあるのだろうか。

釈迦三尊像の美術史上の様式は、北魏を源流にし朝鮮半島を経由して伝わったものである。ところが、この様式にのっとって造形された三尊像の顔立ちは、決して外来のものではなく、外来金銅仏の模倣ではない。

三尊像に共通する顔立ちの特徴は、まず、ぼってりとふくよかではあるが他国の像には見られない面長な輪郭であること、眉の下の上まぶたが広く厚く、眼窩《がんか》のくぼみを感じないこと、眉のつけ根からのびる鼻は、側面から見ると低くはないが、鼻翼《びよく》が大きいため正面から見ると偏平な印象を受けること、その下の上唇はかなり分厚く、また下唇も決してほっそりしてはいないということ、つまり一言でいえば、ガンダーラや西方の影響を受けた彫りの深い顔とは正反対で、どちらかといえばアフリカ系に近い。この三尊像に似ているといわれる六世紀韓国の金銅菩薩立像も、天衣の様式は似ているが、鼻はほっそりとして筋が通り、口はややおちょぼ口で顔立ちはまったく似ていない。(5)

次に顔立ちではなく、両菩薩の身体のプロポーションに注目したい。両菩薩は頭部が極端に大きく、宝冠と流麗な天衣をつけているのでそれに眼を奪われ気づきにくいが、背丈が短くずんぐりとしていて百済観音とはまったく逆のプロポーションで、このような菩薩立像は中国や韓国に類例がない。このことは、顔立ちの特徴と相《あい》まって、菩薩立像が舶来の単純な模倣ではなく、美術史上の様式こそ外来のものではあるが、その様式のなかに当時の倭人（日本人）の特徴をはめ込んだということを示している。が、もしそのようなことが言えるとしても、聖徳太子を顕彰するための三尊像に、なぜこのような企てを行ったのだろうか。

そのことを考えるために、カメラの動きを追ってみよう。

向かって右、東がわの菩薩は、正面から見てもかすかにほほえんでいるが、写真家はこの微笑をさらに明確にとらえるために、右斜め下からの三尊像や、やはり右下からの菩薩上半身像のクローズ・アップを試みて成功している。

まん中の釈迦如来坐像は、正面から見ると微笑が見えないので、カメラはやや右、かなり下方からの三尊像や、左斜め下からの如来胸像を拡大撮影し、かすかな微笑をとらえようとしている。釈迦如来の微笑が、半跏思惟像の場合のような瞑想のなかの法悦といったものではなく、苦をになう人を受け容れ招く仏の慈愛というふうなものの表現であるならば、釈迦如来の微笑があるかないかのかすかなものであることには、必然性がある。というのは、釈迦如来は右手および左手で人びとを受け容れるという意味の印相を結んでいるからだ。

問題は向かって左、西がわの菩薩だ。正面からはもちろん、どのようなアングルから試みても微笑をとらえることはできないので、カラー図版およびモノクローム図版いずれにおいても、この西がわの菩薩のみ拡大写真が放棄されている。

東がわの菩薩と西がわの菩薩とが左右対称の同形に造られながらも、両者の間には作者が異なるほどのちがいがあることはこれまでも指摘されてきたが、同一角度からの比較写真による研究からも確認できる。(6)

西がわの菩薩は、東がわの菩薩よりも上まぶたが厚く、より伏目がちで、上唇も厚くリアリティーに富み、顔全体はより面長である。微笑を浮かべず、微笑のかわりにあるものは、瞑想的な静けさと深い精神性である。

おもしろいことに、もう一人の写真家土門拳氏は、東がわの菩薩はこの西がわの菩薩の模作にすぎず芸術的な迫真力に欠けるとして、カラー図版およびモノクローム図版いずれにおいても、東がわ菩薩のみ拡大写真を放棄している。

すなわち、入江泰吉氏の芸術的感性は、東がわの菩薩の微笑の謎めいた美しさと安らぎをとらえるのだが、土門拳氏の芸術的感性は、むしろ西がわの菩薩に、緊張感に満ちた、内面的に引きしまった美しさをとらえる。土門氏は、この西がわの菩薩の緊迫感に満ちた迫力のある美しさを、ちょうど膝あたり、やや左斜めのアングルから見事にとらえているが、しかしそれはあくまでも芸術家の眼でとらえた菩薩像である。(7)つまりこのアングルからとらえると、菩薩の身体の倭人特有のプロポーションが消失する。また仏像は本来、正面性・静止性を原則とする。土門氏のアングルは、菩薩の顔貌を非倭人化する危険もある。いずれにしても西がわの菩薩は、はっきりと倭人の顔と身体をもち、しかも微笑ではなくて、これまでになかったような精神の覚醒された姿を表している。このことは、この菩薩像を聖徳太子のモニュメントとして造像した人びとが、太子の生涯の「意味」を、倭人を精神的に深めて、これまでになかった高みへ導こうとした、という点に見たことを物語っているだろう。だから、菩薩像は外来の模倣で済ますことができなかったし、均整のとれたプロポーションや微笑をもつ「完成品」であるわけにもいかなかった。一言でいえば、西がわの菩薩は、聖徳太子が倭人の心の変革者だった、と言っているのだ。

しかしもしそうだとすると、太子以前の、覚醒されるべき倭人の心とはいったいどのようなものだったのか、という問いが生じることになるだろう。倭人の心のあり様、気質、価値意識、いわば精神化を必要とする心のありかた、その特徴を探る必要がある。

再び主観的になる危険があるけれども、考古学写真家・森昭氏の写した人物はにわのなかに、古墳時代の倭人の心の風景を眺めてみることにしたい。人物はにわは主に六世紀の間に作られた。聖徳太子は六世紀末から七世紀初頭の人である。

三　人物はにわの心の風景

「森昭のはにわの世界」は、人物はにわ二四点六二枚の写真から成っている。(8) この二四点を一通りざっと見ていくことにしよう。

1 「ひざまずく男」(タイトルは森氏) 鋸歯文《きょしもん》(三角形をたがいちがいに並べる文様、九章二〇八頁参照)のある円筒形の帽子をかぶっているので、祭儀中の重要人物だろう。すっきりとした目鼻立ちのいかにも誠実そうな青年の顔。人物はにわの顔は写実ではなく、この青年の場合は理想化されている。

2 「正座する男」 正座といっても胡坐《あぐら》であり、権威を表現する。頭には、鋸歯文があるだけではなく形そのものがギザギザの鋸歯形の冠。男は首長であり、もしかするとカミ(神)と化した人物かもしれない。左手で腰の太刀を握る。きりりとした青年の顔に見える。

3 「手甲《しゅこう》をつけた男」 円すい形の帽子、美豆良《みずら》(二本に束ねたおさげ髪)、鋸歯文のある上衣、手甲、おそらく祭儀中の、誠実そうで静けさの漂う青年の顔。

4 「琴をひく男」 琴を奏でながら嬉しそうにほほ笑む少年の顔。森昭氏は「ゆるぎないおおらかさ」「大地にねざした楽天性」というコメント。しかし彼は椅子に腰かけ、美豆良をたらし、幅広の帯、腰には太刀という盛装で、琴の音によって神を呼び招く首長格の人物だ。(9) その男が、楽器演奏を楽しむ現在の中学生のような顔つき。

5 「筒袖の衣をつけた男」 どこか悲しげな表情。喜怒哀楽の表情それ自体は、むろんいつの時代にも見られる。しかし、はにわ文化においては、悲しみの表情は身分の低さや貧しさを表している可能性がある。現代人のセンスで人物はにわの表情を受けとめると、大きな誤りをおかすかもしれない。

6　「剣を手にかける男」　立派なかぶとをかぶり完全武装をしているが、しかしその顔は疑いを知らない少年の顔だ。

7　「帽子をかぶった武人」　丸顔だが、口元をひきしめ、目をややつり上げる怒り顔。この怒りの表情によって勇気を表現しているのだろう。しかし勇気とはそのようなものだろうか。

8　「冠をかぶった男」　細長い鼻、目と口元は今にも泣き出しそう。本当にかぶり物は冠なのだろうか。むしろ男の表情は地位の低さを表しているのではないか。左腕は馬曳《うまひ》き特有のポーズをとっている。

9　「挂甲《けいこう》をつけた武人」　挂甲は歴史上、短甲の後に登場する高級なよろいである。驚くことに、挂甲を着用したこの武人の、かぶとにおさまる顔は、もはや少年でもなく幼児の顔そのものだ。

10　「大きな髷《まげ》の女」　すっきりとした顔立ち、優しくほほ笑んでいる聡明そうな女、首飾りのあたりから鋸歯文のある帯を垂らしているので、カミ（神）に仕える理想化された巫女《みこ》の顔だ。

11　「丸い顔の女」　つぶし島田と呼ばれる古墳時代の女の髪型をして、ほとんど額《ひたい》がなく、反対に鼻の大きい素朴な表情。

12　「壺をはこぶ女」　顔をやや上向きにし壺を頭に載せる。「底辺の女の強さが　このくったくのない表情のなかにある」と森昭氏のコメント。

13　「白毫をつけた女」　細長く弧を描く眉、切れ長の目、筋の通った鼻、耳飾りと首飾り、女は口を開いて言葉を出している。それは身分の高さを示すのだろう。

14「鈴鏡をつけた巫女《みこ》」 怒りに近いけわしい表情、しかし怒っているわけではない。椅子に座り、その表情によって巫女の権威を表しているのだ。

15「ひげのある男」 とんがり帽子、肩にかかる太い美豆良《みずら》、長いあごひげ、グリム童話に出てきそうな老人だが、もしそのあごひげを取り去ってしまえば、青年の顔にもどりそうだ。

16「両手をさし出す男」 鼓《つづみ》を横に倒した形の帽子、大きな顔、大きな鼻、しかし口は小さい。その小ささは男の謙虚さを表しているのかもしれない。あるいは身分の低さを示すものかもしれない。口は言葉（命令）を発する器官でもあるからだ。

17「馬をひく男」 悲しげな表情、その表情で馬曳きの身分を表現するか。

18「男根をみせる男」 口をひんまげて男らしさを主張する。無邪気な未開人の性信仰（リンガ崇拝）の表現だろう。

19「たすきをつけた男」 神に仕える男、はにわ特有のくり抜いた目は前方をしっかりと見つめる。腕をのばし、きまじめに祭儀上の役を果たしている様子だ。

20「水鳥のかぶりものをつけた男」 細長い顔に太く長い鼻、右手で手まねきして呼び声を出している。飼育する水鳥を呼んでいるのだろうか。

21「めじりのさがった男」 おもいきりデフォルメされた男の笑い顔、はにわ工人ののびやかさが表れる。

22「乳飲み児を抱く女」 力士のような頭部、太く短い首、大きな肩、古墳時代の母親の力強さが見事に表現される。

23「はい廻《もとほ》ろう男」 顔は人間だが、体は人間のようには見えない。森昭氏は「稚拙なつくりのなかに複雑な表情がある」という。しかしそれは見る側が勝手につくり出すイメージであって、男の顔は単純で素朴な心を表しているにすぎないだろう。

24「円筒のひと」　細く閉じたような目と単純な鼻と口。おだやかに眠る老人の顔のようでもあり、表情の乏しい猿の顔のようでもある。

以上が森昭氏の人物はにわ写真二四点についての印象である。

これまで、人物はにわを通して表れる古代人の心に関して、「篦《へら》で切り取っただけの目ではあるが、その明るい輝きのなかに、今の人の見失って居る様な、床しい心が覗かれ、心温まる思いがする」（和辻哲郎『日本古代文化　全集　第三巻』）とか、「現代人がこれらの人物ハニワ群に、引きつけられる大きな理由は、その表情のうちに……都会に住むわれわれが失いつつある人間の本来的に持っている、おおらかさや、純朴さがそのうちにあるからである」（稲村繁・森昭、『人物はにわの世界』「ハニワとわたし」[8]）などと語られてきた。

こうした見方は、古墳時代の人間をロマン化するものではあるが、決して非歴史学的というほどのものではなく、森昭氏のカメラがとらえた真実でもある。『隋書』倭国伝にも、倭人に関して

「人すこぶる恬静（やすらかで静か）にして、争訟稀に、盗賊少なし」

「性質直にして雅風あり」

という証言がある。[10]

けれども写真から浮かび出る古代人の「純朴さ」「おおらかさ」「恬静」などには、一つの共通する問題性がある。

たとえば、祭儀にかかわる鋸歯文《きょしもん》をつけた人びとの場合、「ひざまずく男」や「手甲をつけた男」は確かに誠

実で静けさの漂う心を抱き、「たすきをつけた男」はどこまでもきまじめであり、「大きな髷《まげ》の女」は聡明でさえある。が、彼らはいずれも青年の顔をして、純粋ではあるがたとえば旧約聖書のヨブのような問いかけを持たない。本来、祈りは人間の苦悩のなかから立ち昇ってくるものだろうが、彼らはあくまで青年で、人間の、あるいは大人の苦悩を知らない。武人の場合はこのことがもっとはっきりする。

完全武装をした武人たちは疑いを知らない少年の顔をしており、ひどい場合には幼児の顔である。戦争を決断する地位の武人が、ただ純粋であったり、あるいは怒りと勇気とを取り違えたりするのであれば、それはただの未成熟でしかないだろう。貴人の場合も同様だ。「琴をひく男」は亡くなった首長の後継者の可能性さえもあるのだが、クラブ活動で楽器を演奏する中学生の顔だ。

庶民たち特に女性の場合、たしかに大地に根ざした力強さ、おおらかさ、くったくのなさがある。そうした人たちが社会の根底を支えている。が、「丸い顔の女」や「馬をひく男」の表情は悲しげで、古墳社会の重圧は底辺の人びとに及んでゆく。また、庶民の純粋性・単純性は、「男根を見せる男」や「円筒の人」の場合のように、時には、未開性に近づいてゆくことがある。

あえて人類史の段階に位置づけていえば、古墳時代の倭人は、少年あるいは青年の段階にあり、純粋ではあっても人間の苦悩を直視せず大人になりきっていない。このような人びとが三五〇年間、途方もない労力とコストを必要とする古墳を、死者のために造りつづけてきた。古墳時代においても、むろん大土木工事を可能とするような知性があった。しかしその知性は、懐疑とは無縁で、古墳造営や戦争などのもたらす人間の悲惨に直面しても疑うことを知らない。なぜならば、他者の苦しみや苦悩をわが事としてじっと見つめることなく、それを共有しないからである。ちょうど幼い子供が確かに純粋ではあるが、時には他の人間、他の子供のキズ、痛み、欠落に対して無感覚という意味での冷酷性に陥るように、古墳時代の人間は自我という壁の外に出ることができない。カミ（神）への信仰さえも、敬虔というポーズを通じて現世的利益を得ようとしているにすぎない可能性もある。こうした倭人の心を覚醒し精神的に深めて、いわば倭人を他者の苦悩を共有できる大人にしようとしたのが聖徳太子だったのではないか。釈迦三尊像とりわけ西がわの菩薩像は、太子をそのような人として回想しているように思われる。もし以上のように言えるとすれば、聖徳太子へのアプローチの起点として、太子における古墳文化との対決、なかんずく前方後円墳文化との対決をかかげるべきではなかろうか。

四　前方後円墳

西暦五九三年（推古元年）、二〇歳の聖徳太子は蘇我馬子とともに大和政権の中枢に立ったが、それから二九年後、六二二年、崩御した。この太子の時代に三五〇年間つづいた前方後円墳の造営が停止される。

畿内地域では六世紀末までなお前方後円墳は造営されていたが、七世紀に入ると造営は停止され、大型の方墳や円墳に転換する。東国では、七世紀初頭、前方後円墳の造営はむしろ盛行するが、しかしその後、畿内より十数年遅れて突然、造営は停止する。三五〇年間つづいた「前方後円墳秩序」（近藤義郎）、「前方後円墳体制」（都出比呂志）、「前方後円墳国家」（広瀬和雄）の終焉である。

前方後円墳の造営停止は、単なる自然の成り行きではなく、大和政権の強い意志の結果である。その意志の中心的な担い手のひとりが、聖徳太子だったように思われる。

というのは、太子の父・用明大王は、五八七年太子一四歳の時崩御して「磐余池上陵《いわれのいけのうえりょう》」に埋葬されたが、五九三年太子二〇歳の時、河内磯長《かわちしなが》の、大王墓としては初めての方墳である春日向山古墳に改葬されているからだ。

その前の欽明陵・見瀬丸山古墳は、全長三一八メートルの超大型前方後円墳である。つづく欽明の子敏達《びだつ》は、その母石姫の全長一一三メートルの太子西山古墳に合葬されたが、敏達陵としては全長一四〇メートルの大型前方後円墳・平田梅山古墳が築造されていた。(11) それにもかかわらず同じ欽明の子で、敏達と腹違いの兄弟で太子の父・用明の墓は、六五×六〇メートルの方墳にすぎない。突然、大王墓が前方後円墳から方墳に転換するとともに、その規模も、後にも見るが、地方の大豪族に及ばないものとなった。

このことは、これまでの前方後円墳文化に挑戦する太子の強い決意なくしては考えられない。太子が前方後円墳造営停止を具体的に、どのように突き進めて行ったのかという事柄は、次章であらためて追いかけることにして、ここでは造営停止に関する興味深い事例を二つ紹介して、次章に備えることにしたい。

〈播磨《はりま》の事例〉

播磨において、六世紀前半から中頃まで、小規模の前方後円墳が二七基築造されている。岩本道昭氏の研究によれば、その後、前方後円墳の造営が停止(禁止)され、二七基のうち八基ないし一〇基は後円部と前方部それぞれに横穴式石室をもつに至った。

すなわち、通常であれば前方後円墳は後円部に被葬者を葬る石室を一つもつだけなのだが、新しく前方後円墳を造営することができなくなったため、八名ないし一〇名の地域の首長はすでにあった前方後円墳の前方部を破壊して石室を作り、ふたたび修復したのである。このことは、彼らが方墳や円墳の造営に甘んじることなく、あくまでも前方後円墳に執着していたことを示している。(12) その理由はむろん前方後円墳が他の墓制にはない独自な価値体系と結びついていたからである。だから聖徳太子が父・用明大王を方墳に葬ったとき、この価値体系を突き破る決意を示していたということができる。その、前方後円墳のまとう価値体系については、むろん後ほど検討せねばならないだろう。

〈吉備《きび》の事例〉

吉備（岡山県）の、備中西部にある箭田《やた》大塚古墳は、前方後円墳の造営停止をめぐる状況に関する興味深い事例である。

この古墳は六世紀末葉（聖徳太子の青年時代）に築造された。

ふしぎなことに、考古学上の永い研究史があるにもかかわらず、この古墳の墳丘の形態についてさえも確定することができず、直径五〇メートルの円墳説があったり、全長八〇メートルの前方後円墳説などがあったが、一九八三年真備町教育委員会の測量調査の結果、直径四六メートルの円墳に幅一〇ないし一五メートルの張出しをもつ「造出《つくりだし》付《つ》き古墳」という見解が有力になった。(13)

箭田大塚古墳が、開発その他で大幅に削小されたり変形したわけではないにもかかわらず墳丘形態が確定できなかった背景には、おそらく白石太一郎氏が大型横穴石室の比較研究から導き出した「箭田大塚古墳の前方後円墳企画説」との関連事実があるにちがいない。この説によれば、箭田大塚古墳は、本来、前方後円墳として企画され築造が開始されたが、その築造の途中で突然、円墳に切りかえられたというのである。(14)

もしそうであれば、この古墳の被葬者もしくはその後継者は、前方後円墳の築造を停止させようとする聖徳太子や大和政権の意向に対して速やかに応じたと言えるだろう。

ところが問題は、箭田大塚古墳が円墳に切りかわった後においても、同じ備中において前方後円墳が造営されており、備後でも同じ頃、大規模な前方後円墳・二子塚古墳が築造されているという事実である。

つまり吉備においては、先ほどの播磨の場合とはちがって、大和政権の意向を速やかには受け容れない独立性の強い首長がなお存在していたのである。ということは、前方後円墳に結びつく価値体系には、地域の首長の政治的独立性というファクターも含まれていたことを意味している。だから前方後円墳の造営停止（禁止）は、中央集権化を進める太子や大和政権にとってジグザグと実現して行かざるをえない困難な政治課題だったのである。

（1）入江泰吉写真集『法隆寺』小学館、一九八九年
（2）清水昭博「付論」、『聖徳太子の遺跡』橿原考古学研究所附属博物館、二〇〇一年
（3）西岡常一、小原二郎『法隆寺を支えた木』日本放送出版会、一九七八年
（4）川瀬由照「金堂釈迦三尊像と薬師像」、大橋一章編著『法隆寺美術論争の視点』グラフ社、一九九八年
（5）韓国文化財保護協会編『韓国文化財大観 5』大学堂、一九九一年、一〇頁
（6）田澤・澤柳・久野・坂本編『法隆寺金堂釈迦三尊像』岩波書店、一九四九年
（7）土門拳『古寺巡礼　第一集』美術出版社、一九六三年
（8）稲村繁・森昭『人物はにわの世界』同成社、二〇〇二年
（9）青木宏美「太古の琴の音」、川島達人編著『埴輪の微笑』新人物往来社、一九八七年
（10）和田・石原共編訳『魏志倭人伝・後漢書倭伝・宋書倭国伝・隋書倭国伝』岩波文庫、一九五一年、六九－七〇頁
（11）高橋照彦「欽明陵と敏達《びだつ》陵を考える」、白石太一郎編『天皇陵古墳を考える』学生社、二〇一二年
（12）岸本道昭「播磨の後期前方後円墳」、広瀬和雄、他『古墳時代の政治構造』青木書店、二〇〇四年
（13）『岡山県史　第一八巻　考古資料』「箭田大塚古墳」岡山県史編纂委員会
（14）白石太一郎『考古学からみた倭国』青木書店、二〇〇九年、第二章

一章

東国における前方後円墳停止と上宮王家

七世紀初頭以後、聖徳太子の時代、東国においてそれまで盛んだった前方後円墳の造営が停止され、それぞれの広い地域の政治的な中心地に一世代一基の大型方墳あるいは大型円墳が築造されるようになる。この現象は、ほぼ同時期、東国全体にいっせいに見られるので、大和政権による新たな東国政策に起因するといわれている。

これまで、東国のそれぞれ広範囲の地域内で、複数の有力豪族が前方後円墳を築造してきた。前方後円墳は、相対的にではあるが、彼らの大和政権に対する、また彼ら相互における、独立性のシンボルだった。だから前方後円墳を造営する首長たちの関係には、一方的な上下関係には解消されぬ、連合あるいは盟約という対等性がこびりついていた。大和政権の中心に立つ大王でさえも、前方後円墳を造営している段階では、大和政権を構成する豪族たちに対しても、また地方有力豪族に対しても、同輩者中の第一人者という性格（政治的権威の相対性）から十分に抜け出すことはできなかった。

しかしいまや聖徳太子と蘇我馬子は、大王位のこの相対性を突破する決意をかため、後に見る冠位十二階によって大和政権の構造改革を実施するとともに、これまでの中央・地方関係の政治システムにも新たに介入し、前方後円墳築造停止を軸にして地方の政治的再編を行うことになった。

東国の場合、太子あるいは馬子は、広い地域のなかの特定の有力氏族と連携し、その氏族が前方後円墳を捨て大和政権に従属ないし参与することを前提にして、その広範な地域の支配的な権限（国造《くにのみやつこ》職）を認めるという政策をとった。その結果が前方後円墳から大型方墳ないし大型円墳への転換だった。大型方墳・円墳造営氏族が、地域の政治的な統合の核になり、かつ大和政権に従属する。これが太子もしくは馬子の構想である。

すなわち、前方後円墳から大型方墳・円墳への墓制の転換は、単なる宗教上の出来事ではなく、この転換を果たした有力豪族が大和政権と結びつくことによって、その地域の他の諸豪族を政治的に抑えこむことができたことを示すとともに、大和政権の側からすれば、その有力豪族をてこにして、その地域全体を大和政権の影響圏域のなかに組み込むことができたことを示すのである。

東国において、前方後円墳築造停止以後のこのような大型方墳・円墳としては、上毛野《かみけの》（群馬県）の総社愛宕《そうじゃあたご》山《やま》古墳（方墳、一辺五六メートル）、下毛野（栃木県）の壬生《みぶ》車塚古墳（円墳、直径八二メートル、高さ一二メートル）、下総《しもうさ》（千葉県）の竜角寺岩屋古墳（方墳、一辺八〇メートル）、武蔵《むさし》（埼玉県）の八幡山古墳（円墳、直径七四メートル）などがある。これらの諸地域は大和政権からすれば、東国全体にとっても、また北の蝦夷《えみし》や常陸《ひたち》地方に対しても戦略的な意義をもっていた。

東国の大型方墳・円墳に関して、考古学の主要な研究成果を概観し、これまであまり視界に入らなかった聖徳太子・上宮王家の一面をとらえてみたい。

一　上毛野・総社古墳群

上毛野（群馬県）には、赤城《あかぎ》山と榛名《はるな》山があり、この両山の間を利根川が北から南へ通り抜け、大小の支流とともに平野部に肥沃な沖積地を形成している。

総社古墳群は、六世紀初頭から前方後円墳の築造を開始しているが、それ以前には有力古墳の伝統がないので、新興豪族がこの沖積地の開発によって勢力を伸長していったことを示している。ただし、右島和雄氏の研究によれば、総社古墳群最後の前方後円墳・二子山古墳は、その築造の時点で見ると、上毛野の他の地域圏にそれと同等あるいはそれを上まわる規模の前方後円墳が並存しており、総社古墳群造営氏族が上毛野において特別に傑出していたのではなかったことを示しているという。

しかし、それにもかかわらず、前方後円墳築造停止以後の時代、総社古墳群の勢力のみが大型方墳・愛宕山《あたごやま》古墳を築造し、これまで前方後円墳を造ってきた他の諸勢力は大型古墳を造ることができなくなり、かつての権力的な地位を失ってしまう。それは、右島氏によれば、彼らの「これまでの領域支配の否定を意味していた」。

総社古墳群造営氏族が上毛野《かみけの》の広域地域圏で覇権を握ることができたのは、大和政権のバック・アップがあったからだが、そのことを端的に示すのは、右島氏によれば、愛宕山古墳の玄室に設置された「他地域に例を見ない大型の刳抜《くりぬき》式家形石棺」や「高度の石室構築技術」など畿内の先進技術の導入である。(1)

したがって、考古学の立場からすれば、愛宕山古墳の造営者が大和政権と緊密に結びついていたことは確かである。しかしもっと正確に言えば、上毛野に介入してきた政治主体は、当時の権力状況を考えれば、聖徳太子か蘇我馬子か、あるいは両者共同によるか、いずれかだろう。地方の立場からすると、それがいずれであっても、「大和政権」として現れてくるにすぎないが、しかし、聖徳太子の実像を尋ねるためには、その「大和政権」の内側に入らねばならないだろう。

愛宕山古墳の造営氏族は、次の世代に、やはり大きな方墳である宝塔山古墳を造営しているが、この古墳と同時に、おそらくほぼ並行して、上毛野の最初の寺院である山王廃寺《さんのうはいじ》を建立している。山王廃寺の発掘調査や遺物整理にたずさわった石川克博氏によれば、宝塔山古墳と山王廃寺とは距離が近いだけではなく、「基礎部分の工法」や「石材の加工方法」において強い関連性がある。またこの古墳の「格狭間《ごうざま》」と呼ばれる部分は仏教の影響を受けており、こうしたことからこの古墳と寺院とは同一氏族によって並行して造営されたことが推測されるという。(2)

前方後円墳の造営の停止、代わりに大型方墳・愛宕山古墳と、それにつづく宝塔山古墳の造営、および山王廃寺の建立は、政治的にも技術的にも当然、大和政権の影響とその協力において行われたのだが、それは具体的には聖徳太子とその後継者山背大兄王《やましろのおおえのおう》を中心とする上宮王家だったと思われる。というのは、『日本書紀』推古十五年の条には壬生部《みぶべ》設定の記事があるが、上毛野においても壬生部が設定され、それを管轄する在地豪族壬生《みぶの》公《きみ》の存在が後の資料から知られるからだ。壬生部とは、太子時代に設定された上宮王家の事実上の領民のことである。だから、上毛野の壬生公が上宮王家と愛宕山・宝塔山古墳造営氏族とを媒介していたのである。(3) 少なくとも、上毛野において上宮王家の領民・壬生部が存在することは、聖徳太子の直接的な影響力がこの地に及んでいたことを示している。

推測するに、聖徳太子が愛宕山古墳の造営者（総社古墳群造営氏族の首長）に対して、前方後円墳から方墳へ転換することを条件の一つに広範囲の領域支配を認めた時、同時にその領域・領民の一部を割りさいて上宮王家のための壬生部を設定することも条件とし、そしておそらくこの氏族のなかから壬生部管掌者としての壬生公を指名したのだろう。さらに、聖徳太子が上毛野のさまざまな有力氏族の中から特に愛宕山古墳の造営氏族を選んだのは、この氏族が単に方墳に転換することに同意したからだけではなく、それと同時に仏教に帰依し寺院の建立にも同意したからであろう。実際の建立は次の世代（宝塔山古墳造営時代）に行われたけれども。

ただし、以上の推測には一つの問題がある。それは山王廃寺の創建年代の問題である。このことに関し研究者の間で意見が分かれている。

岡本東三氏は山王廃寺の素弁軒丸瓦を七世紀第Ⅱ四半期（六二六－六五〇年）に位置づけているが、三舟隆之氏は創建年代を六七〇年代に位置づけている。(4)

上宮王家は六四三年、蘇我入鹿の派遣した軍によって襲撃され、滅亡しているので、もし六七〇年代創建説が正しいとすれば上宮王家と山王廃寺とは何の関係もないということになる。

三舟氏の六七〇年代創建説は、軒丸瓦の検討とともに、特に「山ノ上碑」の銘文に拠っている。山王廃寺（放光寺）の僧・長利はその母のため、六六一年にこの「山ノ上碑」を建てた。[5] 三舟氏はこの「山ノ上碑」の建立年と山王廃寺の創建開始年とを重ね合わせて（同一時期のものとして）、その上で山王廃寺は「造営開始から七－九年ほど」を経て、六七〇年代に創建されたとする。

けれども碑文建立年の六六一年は、すでにその時点で寺が存在していたことを示すのみで、それが創建開始時点を示す確証があるわけではない。したがって現在の研究段階では、山王廃寺が上宮王家の支援によって建立されたという可能性を否定する必要はないと思う。

以上は上毛野についてであるが、次に、下毛野（栃木県）についても簡単にふれておきたい。

下毛野では六世紀に全長一〇〇メートル以上の大型前方後円墳が数基出現するが、六世紀末葉になると古墳規模は縮小し、七世紀に入ると、前方後円墳ではなく大型円墳二基が現れる。一つは田川流域の下石橋愛宕塚《しもいしばしあたごづか》古墳（径八四メートル）、もう一つは思川《おもいがわ》流域の壬生《みぶ》車塚《くるまづか》古墳（直径八二メートル）である。特に後者は、現在の栃木県壬生町にあり、その名前からしても上宮王家との結びつきを示している。が、さらに注意すべき事実がある。

すなわち、下石橋愛宕塚古墳および壬生車塚古墳は、その後、後続する古墳をもたないが、しかし七世紀後半になると、田川流域に大型方墳・多功大塚山《たこうおおつかやま》古墳が築造されることになる。下毛野におけるこの時点での、大型円墳から大型方墳への転換は、下毛野の在地豪族が「畿内の特定氏族と新たな結びつきをもったことに起因する」といわれる。[6]

先ほど見たように上宮王家滅亡は六四三年のことである。したがって、おそらく上宮王家滅亡を契機にして、田川流域の多功大塚山古墳造営氏族が、これまで上宮王家を背景にしていた壬生車塚古墳造営氏族を圧倒して、下毛野南部思川流域地方をも掌握したのであるろう。むろん確定的なことは言えないが、六四三年以前、聖徳太子・上宮王家が下毛野の政治的再編に積極的に関与していたこと自体は確かだろう。

二　下総・竜角寺古墳群

下総《しもうさ》（千葉県）の竜角寺古墳群は、七世紀初めの浅間山《せんげんやま》古墳を最後の前方後円墳とし、その後、一辺八〇メートル、列島最大の終末期方墳・岩屋古墳を出現させた。

この岩屋古墳に関して、これまでの研究は「印波《いんば》国造に任じられた在地首長の墓」だと考えてきた。国造《くにのみやつこ》制というのは、在地首長に広域地域の支配権を認めつつ同時に「地方官」としての性格を与えようとする中央集権化政策で、東日本においては六世紀末に実施されたといわれている。(7)

印波国造は、のちの八世紀の資料に印波郡の郡領氏族として現れる「丈部直《はせつかべのあたい》」氏であると考えられてきた。つまり印波国造に任じられた一族が、後に郡領氏族として資料に現れてくるとされ、この印波国造「丈部直」一族が巨大方墳・岩屋古墳を造営したと考えられてきた。

ところがこの解釈には一つの問題があった。それは、竜角寺古墳群・岩屋古墳が、印波郡ではなく、その北の埴生《はにゅう》郡に位置しており、他方、印波郡には公津原《こうづはら》古墳群が存在しているという事実だった。もし印波国造「丈部直」氏が岩屋古墳を造営したのであれば、公津原古墳群のなかから岩屋古墳が出現するのが自然である。(8)　岩屋古墳はなぜ埴生郡にある竜角寺古墳群の中に位置するのか。

この問題は川尻秋生氏の研究によって解決された。川尻氏は、平城宮左京二条大路から出土した木簡に、問題解決の手がかりを見いだした。その木簡には、

「左兵衛　下総国　埴生郡　大生直　野上養布十段」

とあった。これは左兵衛として上京していた下総国埴生郡の「大生《おおみぶ》（部《べ》）直《あたい》」一族の野上に、在地から養布を送った際の荷札である。兵衛という身分には、郡司の子弟が任命され、長期の上番（勤仕）の後、出身地の郡司に任用される。この木簡の検討を通じて、川尻氏は先ほどの問題に対して明確な答えを提出した。結論のみを紹介すれば、「オオミブベ」は以前にみた壬生部《みぶべ》と同じで「上宮王家に支配される部民」なのだから、その管掌者である「大生（部）直」一族は、かつて上宮王家と緊密に結びつくことによって、それまで印波の地で印波国造として勢力をもっていた氏族（丈部直）に対抗して急速に勢力を拡大し、ついには国造の地位を得て、埴生郡の地に岩屋古墳を造営したという。(9)

さらに、「大生（部）直」一族は、岩屋古墳のみならず竜角寺も建立しており、この点においても上毛野の場合と同様の方向をたどっている。

以上の研究史上の成果にもとづいて、聖徳太子の思想と行動について考えてみることにしたいが、その際、特に注意すべき点は岩屋古墳の巨大さである。

岩屋古墳は一辺七七メートルの正方形で、幅三メートルの周堀をもち、墳丘は三段築成、墳丘土はほとんど盛土、その総土量は一万三四〇〇立方メートル、ダンプカーおよそ三〇〇〇台分という列島最大の巨大さである。この巨大さの意味はどこにあるのか。

岩屋古墳の実測調査を行った大塚初重氏は、「用明陵から初めて方墳が天皇陵に採用された」理由として、「中国・朝鮮にみる帝王陵の形態である方墳」を取り入れたからだとし、地方豪族もそれに従ったという。[10] しかし岩屋古墳は天皇陵ではないのだから、この説明では巨大な方墳であることの理由が分からない。

竜角寺古墳群について著名な研究を行った甘粕健氏は、前方後円墳の築造停止を中央集権化の道と考え、その関連のなかで岩屋古墳の巨大さに関しても、次のように説明している。

> 用明陵・推古陵・石舞台古墳よりも巨大な岩屋古墳の性格は古代東国史の謎とされているが、前方後円墳が、いわばなし崩し的に廃絶の道をたどった西日本と異り、その廃絶の前夜まで盛んに造営されていた関東においては、伝統的な在地首長の権力を否定し、中央権力による直接的な支配を確立するためには、中央権力の代理として諸国に君臨する首長が、大前方後円墳を圧倒する新たなシンボルを持つことが必要だったのである。[11]

前方後円墳が権力の自立性を含意するとすれば、その形を分断したような方墳や円墳は「中央権力の代理」の墓制として適切だったかもしれないし、岩屋古墳の巨大さもまた背景にある中央権力の「新たなシンボル」だったのかもしれない。

岩屋古墳造営氏族「大生（部）直」氏は、公津原《こうづはら》古墳群をのこした勢力「丈部直《はせつかべのあたい》」氏と対抗していたのだから、岩屋古墳の巨大さは直接的にはこの古墳群勢力との対抗関係のなかで考えるべきだろう。

公津原古墳群については、杉山晋作氏の研究がある。それによると、この古墳群は、四世紀後半から五世紀後半（Ⅰ期およびⅡ期）までは方墳Ⅰ型と呼ばれる「周溝の四隅が丸味をもち、四辺も直線ではなくややふくらみを呈するタイプ」、五世紀末から六世紀前半（Ⅲ期）では「墳形は円形に変化」、つづく六世紀中葉から後半（Ⅳ

期）もすべて円墳、ところが聖徳太子・上宮王家時代の六世紀末葉から七世紀前半（Ⅴ期およびⅥ期）になると、古墳群を構成する四大支群のうち一支群のみ円墳にとどまり、他は方墳Ⅱ「周溝の四隅が角張り、四辺も直線的になるタイプ」へ移行する。(12)（表1）

円　墳				方　墳（Ⅱ型）				
船塚大支群	石塚大支群	八代大支群	（群外）（不確定）	瓢塚大支群	船塚大支群	石塚大支群	八代大支群	（群外）（不確定）
H20		（Y12）						
H21 H22 TF36 H15 H17 H23	（石塚）		H43 H30A、TF41 H30B、TF45 TF43、					
TF5 H19 H18	TF46		Y21 Y22		（船塚）			
TF8 TF37			Y7					
TF4 TF34 TF40			（天王塚）	H40 H42 H41 H36		TF48 TF50 TF44	Y20	（伝伊部許利） H38
				H39 H44 H27	TF10			

（表中、H は瓢塚古墳群、TF は天王塚船塚古墳群、Y は八代台古墳群の略。数字は古墳番号、（　）は大型古墳の推定）

おそらく、公津原《こうづはら》古墳群をのこした勢力は、五世紀末以降、畿内有力豪族と新たな関係を結ぶに伴って方墳Iから円墳に移行したが、聖徳太子・上宮王家時代になって、上宮王家の権威を背景とする岩屋古墳造営氏族に対し、一部抵抗を示す人びと（円墳に固執する氏族）をふくみつつも、全体として上宮王家をバックボーンとする岩屋古墳造営氏族に服従していったことを、以上の墓制変化は示しているのではないだろうか。

しかし、仮にそうであるとしても、どうしても腑に落ちないことがある。岩屋古墳造営氏族「大生《おおみぶ》（部《べ》）直《あたい》」氏は、大生部の管理者として上宮王家に仕える家臣的立場にあり、また舎人《とねり》を出してもいただろうに、いくら下総で大きな権限を握ったからといって、聖徳太子の父の用明陵よりも大規模な方墳をどうして造営できたのか、

表1　公津原古墳群時期一覧

	方　墳（I型）					
	瓢塚大支群	船塚大支群	石塚大支群	八代大支群		瓢塚大支群
I	H9 H45					
II	H46 H47 9-006 9-007	TF32 TF33 H12 H16 H48 TF42		Y8A Y8B		（瓢塚）
III						H32 H29
IV						H33 H35A H35B
V						H34
VI						

杉山晋作「古墳群形成にみる東国の地方組織と構成集団の一例 ―公津原古墳とその近隣―」『国立歴史民俗博物館研究報告』本章注(12)

ということ。これは岩屋古墳だけではなく壬生《みぶ》車塚古墳などにもいえる疑問だ。

ひょっとして、これらの巨大方墳・円墳の造営計画は、聖徳太子その人に由来するのではあるまいか。岩屋古墳の場合、公津原《こうづはら》古墳群の勢力と対抗する政治上の必要性があった。が、それは単に下総という地域だけの問題ではなかった。もし先ほどの推測が正しく、公津原古墳群がいっせいに円墳に移行した時、畿内有力豪族と新たな結びつきをもったのであれば、それ以後の、岩屋古墳造営氏族およびそれを支える聖徳太子（上宮王家）の、公津原古墳群造営氏族との対抗は、公津原古墳群氏族を背後から支えたその中央豪族との対抗でもあったはずだ。岩屋古墳という地方の巨大方墳は、中央有力豪族に対する太子の権力闘争をも物語っているのではないか。つまり聖徳太子は、下総の地域における岩屋古墳造営氏族をバック・アップすることによって、間接的に、公津原古墳群造営氏族をバック・アップしてきた畿内有力豪族と威信をかけた勢力闘争に突入し、その結果、岩屋古墳は類例のないほどの巨大古墳として築造されたのではあるまいか。

いずれにしても、聖徳太子は政治上の必要から、家臣的氏族が彼自身の父の用明陵よりも巨大な方墳・円墳を造営することを承認していた。このことは太子の思想を考える上で重要な点である。というのは、政治上の必要から巨大方墳・円墳の造営を認めたが、しかし太子自身は、古墳によって権威を表示するという発想を完全に捨て去っていることが、ここに示されているからだ。用明陵が家臣の墓より小さくても意に介さない。蘇我氏の場合、馬子のために巨大方墳・石舞台古墳（外堤の東西八一メートル・南北八三メートル、天井石の一つだけでも七・五トン）を造営しており、古い発想をひきずっているのだが、太子においてはそうした発想は断ち切られている。そのことは太子による前方後円墳築造停止政策が、中央集権化という政治的な観点だけでなく、もっと根本的に、古墳文化そのものの価値体系の変革という観点から行われていたことを示している。

おそらくこの点と関連すると思われるので、最後に、竜角寺古墳群最後の前方後円墳である浅間山《せんげんやま》古墳の、奇妙で謎めいた副葬品の出土状況についてふれておきたい。

白井久美子氏の研究調査報告によれば、浅間山古墳の石室内部は厚さ八〇センチメートルほどの土砂に埋まっていた。そして副葬品の出土する層は二層に分かれ、下層は石室床面、上層はこの土砂の上面である。したがって、この土砂は初葬後のある時点、石室をおおった「埋め戻し土」である。しかもそれは羨道（石室に至る道）から前庭部までつづく。

石室のなかの石棺も土砂で意図的に埋められていたが、掘り下げ、四枚の蓋《ふた》石を開くと、「未盗掘の石棺内部には人骨・副葬品とも見あたらず」、白い灰のような土砂がうすくあるばかりだった。しかもこの土砂のなかには「ルーぺによる綿密な仕分け作業をしても、微細な骨片、金属片、ガラス片の一つとして摘出されなかった」。(13)

さらに、浅間山古墳には別の奇妙な出土状況があった。すなわち一つの土器の破片が羨道・前室・後室でバラバラに出土したが、それらは完全に一つに復原できた、というのだ。

土器以外にも同一個体の破片が異なる場所に散在する。つまり、副葬品を「意図的に破砕して撒くような行為」が行われた。同じような行為は前庭部の副葬品出土状況からも推定される。「最終的な埋葬後あまり時を経ない時点で石棺・石室内の副葬品を取り出し、意図的に破砕して撒くような行為が行なわれた」。(14)

詳細は略すが、白井氏の報告する以上のような、遺骸を石棺の中から取り出し、横穴式石室の内部を土砂でおおい、副葬品を破砕してばらまくという行為は、明らかに前方後円墳に結びつく価値体系ないし観念体系を意図的に否定する行為である。その行為主体は、前方後円墳・浅間山古墳の被葬者の後継者で、岩屋古墳の造営者であろう。浅間山古墳には、後から持ち込まれたと思われる仏教関連遺物もある。(15)だから、その後継者は仏教的な立場から、前方後円墳の価値・観念体系を否定し、いわばその価値・観念体系から被葬者を救出するような意図で以上のような行為を行ったのではないだろうか。そしてもちろんその背後には聖徳太子・上宮王家が存在したのだろう。

三　武蔵・埼玉古墳群

武蔵（埼玉県）を代表する埼玉《さきたま》古墳群は、五世紀の末、一一五文字の銘文鉄剣出土で有名な大型前方後円墳・稲荷山古墳に始まり、つづいて武蔵最大の二子山古墳など、六世紀を通じて一〇基をこえる大・中クラスの前方後円墳が築かれた。しかし、六〇〇年ごろの将軍塚古墳を最後にして前方後円墳の築造は停止し、その代わりに直径七四メートルの大型円墳・八幡山古墳が築かれる。

八幡山古墳はその巨大さに加えて、「当時きわめて限られた天皇・皇族・貴族の使用した漆塗り棺」が出土しており、武蔵全体を統括する国造《くにのみやつこ》クラスの大豪族の墓であることは明らかだとされる。(16)

しかしこの八幡山古墳は、埼玉古墳群のエリアのなかにあるのではなく、そこから直線距離にして一・五キロメートル離れた小規模の古墳群中にあり、したがって埼玉古墳群最後の前方後円墳・将軍塚古墳の後継者が八幡山古墳を造営した、と速断するわけにはいかない。(17)

七世紀前半の武蔵国造・八幡山古墳造営氏族に関しては、これまで「聖徳太子伝叢書」の次の記事が注目されてきた。それによると、

「舎人《とねり》　物部連兄麻呂《もののべのむらじえまろ》　性に道心有り。常に斎食を以《も》ってし、後に、優婆塞《うばそく》（在俗信徒）と為る。常に（太子の）左右に侍《はべ》る。癸巳《みずのとみ》の年（六三三）、武蔵国造を賜《たま》わる。退きては小仁位を賜わる」とある。(18)

原島礼二氏は、「物部連兄麻呂」の名前に注目し、次のように考える。すなわち、埼玉の豪族は五世紀末以降、中央豪族・物部氏と結びつくことによって在地での勢力を拡大したが、大連《おおむらじ》物部守屋が滅ぼされた後、急速に勢力を失った。だが「傍流の兄麻呂」が聖徳太子と結びつき、やがて武蔵国造の地位につくとともに、あの八幡山古墳を造営したのだろう、との推測である。むりのない解釈だろう。(19)

けれども、たとえ傍流であるといっても、武蔵において物部氏の名を名のり、おそらく中央豪族・物部氏と擬制血縁関係を結んでいた氏族に属する兄麻呂を、なぜ聖徳太子は信頼し、さらに太子の子・山背大兄王《やましろのおおえのおう》は国造に抜擢したのだろうか。それは、「性に道心有り」と評されているように兄麻呂の仏教への強い帰依、そのことの証しによるものだろう。証しというのは寺谷廃寺《てらやつはいじ》のことである。

寺谷廃寺は埼玉県比企郡にあり、その跡地から飛鳥寺式の素弁八葉蓮華文軒丸瓦が出土している。この素弁瓦は、蘇我倉山田石川麻呂の建立した山田寺が六四八年に完成すると、それ以後、山田寺式の瓦によって駆逐され、東国においては姿を消してしまう。したがって寺谷廃寺の創建年代は六四八年以前、七世紀第Ⅱ四半期（山背大兄王時代）であり、東国最古の寺院である。

寺谷廃寺の立地する丘陵南斜面には、操業年代が六世紀後半から七世紀初頭と推定される羽尾窯跡があり、畿内から来た須恵器工人による生産が行われていて、やがて間もなく近くの谷に灌漑用の溜池も造られた。寺院建立、須恵器生産、溜池築造、いずれも高度の技術を必要とし、しかも三者の距離は近い。高橋一夫氏は寺谷廃寺の造立者を畿内から武蔵に来た渡来系氏族・壬生吉志と考えた。(20) というのは、この氏族が六世紀末から七世紀初頭にかけて、「胴張りを有する横穴式石室」という「新来の墓制形態」を畿内からこの地方にもたらし「在地の墓制」を圧倒した、とする金井塚良一氏の研究に従ったからである。(21)

しかし、その後の研究によって、壬生吉志の一族は寺谷廃寺のある比企地方ではなく、壬生部《みぶべ》に設定された男《お》衾《ぶすま》地方の開発のためにやってきたこと、そしてこの一族はその後寺谷廃寺ではなく花寺を建立したことが明らかとなった。(22) したがって寺谷廃寺の建立は六三三年に国造となった物部連兄麻呂の一族による以外にはない。

以上、武蔵における前方後円墳の築造停止、大型円墳・八幡山古墳の造営、および寺谷廃寺の建立の経緯について簡単に研究史をたどってきた。その結果、聖徳太子の思想と行動の一面が明らかとなった。それは、かつての敵対者・物部氏に属していた一族でも、太子の政治・宗教政策に寄与する者であれば過去に拘泥せず受け容れ、名誉ある地位を与えさえもするということだ。兄麻呂《えまろ》が国造になったのは山背大兄王の時代だが、大兄王は太子の意志を受けついだのである。それに八幡山古墳の造営はすでに太子時代に始まっていただろう。こうしたことは、太子の政治家としての力量の深さを示すとともに、また、前方後円墳文化を仏教文化に転換させようとするその情熱の強さを物語るものだろう。

（1）右島和雄『東国古墳時代の研究』学生社、一九九四年
同「後期後半から終末期の上毛野」、右島・若狭・内山編『古墳時代毛野の実像』雄山閣、二〇一一年
（2）石川克博「上毛野・上野国をめぐる七・八世紀の問題」、群馬県立文書館編『ぐんま史料研究（二）』一九九四年
（3）森田悌「東国の初期寺院」、古代学協会編『古代文化 四九巻一〇号』一九九七年
（4）岡本東三『東国の古代寺院と瓦』吉川弘文館、一九九六年、六一 - 七四頁
三舟隆之『日本古代地方寺院の成立』吉川弘文館、二〇〇三年、一二二 - 一二三頁
（5）松田猛『上野三碑』同成社、二〇〇九年、一七頁以下
（6）須田勉『古代東国仏教の中心寺院　下野薬師寺』新泉社、二〇一二年、一〇 - 一一頁
（7）篠川賢『日本古代国造制の研究』吉川弘文館、一九九六年
（8）白石太一郎『東国の古墳と古代史』学生社、二〇〇七年、二四九頁以下
（9）川尻秋生「大生部直と印波国造―古代東国史研究の一試論―」、『千葉県立中央博物館研究報告―人文科学― 第七巻第一号』二〇〇一年
（10）大塚初重「千葉県岩屋古墳の再検討」、『駿台史学 第三七号』一九七五年
同「千葉県岩屋古墳」、『東国の古墳文化』六興出版、一九八六年
（11）甘粕健『前方後円墳の研究』同成社、二〇〇四年、五一九頁
（12）杉山晋作「古墳群形成にみる東国の地方組織と構成集団の一例―公津原古墳とその近隣―」、『国立歴史民俗博物館研究報告 一』一九八二年
（13）田中裕「千葉県」、広瀬・太田編『前方後円墳の終焉』雄山閣、二〇一〇年、一六五頁
（14）白井久美子「最近の発掘から 最後の大型前方後円墳―千葉県浅間山古墳」、『季刊　考古学　第六〇号』雄山閣出版、一九九七年
同「竜角寺古墳群」、『季刊　考古学　第七一号』雄山閣出版、二〇〇〇年
（15）千葉県資料研究財団『千葉県の歴史 資料編 考古 二』二〇〇三年、九六九頁

(16) 原島礼二『古代東国の風景』吉川弘文館、一九九三年、一二四‐一二五頁
(17) 田中正夫・小川良祐「埼玉県―埼玉古墳群周辺地域―」、『古代学研究 第一〇六号』一九八四年
(18) 「聖徳太子伝叢書」、仏書刊行会編纂『大日本仏教全書 第一一二冊』一九七九年
(19) 原島、前掲書、一八三頁以下
(20) 高橋一夫「東国の古代豪族と仏教」、原島・金井塚編『古代を考える 東国と大和王権』吉川弘文館、一九九四年
原島「花寺周辺の古代寺院」、柳田・森田編『渡来人と仏教信仰 武蔵国寺内廃寺をめぐって』雄山閣出版、一九九四年
(21) 金井塚良一『古代東国史の研究』埼玉新聞社、一九八〇年
(22) 森田悌「花寺と壬生吉志」、「渡来人と仏教信仰」、柳田・森田編前掲書

二章

黄泉の国の神話と聖徳太子

上宮王家（聖徳太子とその後継者・山背大兄王の一族）が、東国において前方後円墳文化に対決した模様を、前章においては特に政治的な観点を軸に眺めてきた。本章においてはこのテーマを、むろん政治的文脈も絡みつくが、特に思想の面から検討してみたい。そのために、あらかじめ本章の課題と手続きを明示しておくのが便利かもしれない。

前方後円墳が、死んだ首長・族長に関する独特の思想にもとづいて築造されていることは言うまでもないが、しかし残念なことに日本の考古学者たちの間には、この思想の解釈に大きな意見の相違がある。前方後円墳が体現している思想（価値体系）という、いわばソフト面のテーマの探究は、むろん実証にもとづかねばならないが、しかし前方後円墳の物理的な計測や調査という意味での実証だけでは決着がつかない。だから聖徳太子が対決した前方後円墳の思想とはどのようなものだったのかという問題に関して、考古学は統一的な見解を与えてはくれない。といって、前方後円墳にかかわる問題に関して考古学の研究から離れるわけにはいかない。どうすればよいのだろうか。

しかたがないので、角度を変えて、聖徳太子の立場に立ってみたとき、考古学者の間で対立する意見のうち、どのような意見が確からしく見えるのか、という観点からこの意見の相違を整理してみることにしたい。むろん太子の立場といってもそれ自体が研究課題であるのだから、こうした整理の仕方は客観的に妥当な結論に導くわけではないが、それでも推測・仮説を深める手助けにはなるように思われる。

次に、本章では、『古事記』が物語る黄泉の国の神話を取り上げて、この神話が前方後円墳の思想に対決する聖徳太子・上宮王家周辺の知識人サークルに由来する可能性について検討してみたい。このような結論を予想することが唐突に響くことはもちろんだが、本章が何を課題としているか前もって明示するためである。

一　前方後円墳の思想

前方後円墳が何のために築造され、どのような価値体系を担っているのか、という思想解釈のなかで、聖徳太子の立場から見て妥当性が高いと思われる見解は、前方後円墳を被葬者を神とするための観念装置だとする考古学者たちの考え方である。

たとえば広瀬和雄氏は、前方後円墳の築造、そこでの祭祀・儀礼、副葬品の埋納などは、亡き首長をカミ（神）として再生させるための統一的システムだったとし、その背後には「亡き首長がカミになって共同体を守護する」という「共同幻想」があったという。(1)

もしそうだとすると、このカミ（神）は、共同体の守護者であり、観念レベルの支配者であり、外に対してはその共同体の自立性を表示するだろう。なぜならばこのカミは局地的なカミにすぎないかもしれないが、しかしその地域において絶対性をもち、他者に従属する必要がないからだ。聖徳太子や蘇我馬子が前方後円墳の築造を停止させようとした一つの理由は、前方後円墳の思想体系においてカミとなった亡き首長が、彼の後継者とともに閉鎖的・自立的な観念における共同体をつくり、中央集権化を阻んでいたからだろう。

前方後円墳を、亡き首長をカミとする観念装置だとするこの解釈は、考古学研究の領域では主に北九州の沖ノ島祭祀の研究調査によって支えられている。

沖ノ島は福岡県宗像《むなかた》市の沖六〇キロメートル、玄界灘に浮かぶ孤島で、古墳時代から海上航路の安全を祈願して祭祀が行われた。

昭和二十九年から三十年の第一次調査によって、遺跡から多く豊かな祭祀遺物が発見されたが、「祭祀遺物は古墳副葬品と何等遜色のないものであることが明らかになったのみならず、古墳副葬品と同様な経過さえ窺われるのである」と報告された。つまり、古墳での葬礼と沖ノ島の祭礼とには「共通の要素」があり、「死者と神という二つの対象に捧げる行事の共通性を認めねばならないだろう」と問題が提出された。(2) 昭和三十二年から三十三年の第二次調査においても、第一七号遺跡から二一面の鏡が現れるとともに、再び同一の問題が提出された。

この遺跡に含まれるものが、祭祀用具というような特別の遺物ではなく、古墳副葬品をそっくりそのままもってきたような遺物である。……従来は古墳副葬品を死者に副えてやった生前の所有物と考えて、それ以上考究されていないようである。しかしよく考えてみると、古墳の築造も、埋葬も、また副葬も、実は祭祀ではなかったか。(3)

死者と神とに共通のものが捧げられているので、古墳の築造・埋葬は単なる葬礼ではなく、祭礼・祭祀でもあるという。そうであれば古墳被葬者はカミとなっていなければならないだろう。

ただし、古墳解釈に対する沖ノ島祭祀の意義に関しては、現在でも論争がつづいており、右の点が研究者の間で共通の認識になっているわけではない。

以上、前方後円墳は、亡き首長をカミ(神)とする装置だ、とする解釈を見てきたが、考古学者の間にはそれとまったく逆の解釈をする人も少なくない。

たとえば白石太一郎氏によれば、前方後円墳前期の竪穴式石室の構築は、築造した墳丘の頂上部を大きく穿《うが》ってから、木棺と副葬品を底に置き、その後、石を積んで四壁を作り、四壁の背後にも石材を充填し、次に四壁の上に大きな天井石をならべて封鎖し、この天井石を良質の粘土で分厚く被覆《ひふく》してから、ついには土で埋めるという手順で行われた。つまりこの埋葬施設は「死者の遺骸を納めた棺を石材と粘土で厳重に封じ込めてしまう」ために作られたのであり、それというのも「大きな霊力を持つ死者が生者に災いをもたらすことがないように」するためだった。その証拠として、奈良県天理市黒塚古墳では、「辟邪《へきじゃ》」つまり外部からの悪霊の接近を防ぐための、三角縁神獣鏡三三面が、その鏡面を棺の方向に向けていたのだが、それは「死者の霊を封じ込める意味」を担っていたからである。だから古墳は、「辟邪」の装置であり、死者を外からの悪霊から守るとともに、死者が悪霊となることを防ぐ両面をもっていたのだという。(4)

この説に立つ研究者は、「辟邪」つまり外部から悪霊が被葬者に接近するのを防ぐための、埴輪や副葬品が、埋葬施設や棺に対してどのような位置や方向から出土するのか、実証的な調査を積み重ねている。(5)

以上のような見解、いわば古墳被葬者の封じ込め説は、聖徳太子の前方後円墳造営停止政策と何の共鳴関係をももたない。むろん、だからといって、この見解が誤っていることにはならない。けれども聖徳太子から離れても、この見解には疑問が残る。日本の考古学者たちの間では、「辟邪」という言葉・観念が当然のごとく通用しているが、鏡とか武器などの副葬品が本当に「辟邪」(魔よけ)の道具なのかどうか確定しているわけではない。(6)

また、それ以上に疑問が残るのは、すでに先ほどの広瀬和雄氏などが指摘しているように、死者あるいは死者の霊を封じ込めるために、なぜ地下に埋葬施設を作るのではなく、反対に、たとえば二子山古墳、瓢箪山《ひょうたんやま》古墳、造山《つくりやま》古墳などの名が示すように盛土による山のような古墳を、しかも交通の要地や生活圏を見おろすような場所に、築造したのかという点である。死者が悪霊と化し危険な存在となるならば、人びとの生活圏から遠ざけ、地平を掘り下げて封じればよいのであって、それとは反対の仕方で築造される前方後円墳は、やはり死者をカミとするためのものだったのではないだろうか。

この問題に関しては、前方後円墳上に列をなして数百、時に千を超えて立てられる円筒形埴輪とそのルーツについての近藤義郎氏の研究が示唆にとむと思う。その骨子のみ紹介すれば、――弥生時代の終わりごろ、吉備において、新穀や酒、粥《かゆ》などを神々に捧げ、また神々とともに食事をするための特殊器台と特殊壺が出現し、発達したが、やがてこの吉備で「途方もないこと」が起こった。突然、壺と器台が大型化し華麗になり、それが使用される場所も「村の広場や聖地」から首長の「墓所」に移り、「首長自身が祭祀の対象」となった。こうして円筒形埴輪や朝顔形埴輪（円筒形埴輪に壺をのせた形の形象化）が樹立されるようになったという。(7)

もし以上のようであれば、円筒形埴輪が使用された前方後円墳は、カミとなった首長の住む聖地であり、それが築山によるのは、まさにカミは山に宿るからだ。また外部に対して向けられた盾などの武具系の器財埴輪は、悪霊に対する「辟邪」のためではなく、むしろ聖なる山に人が接近することを禁ずる威嚇だった、ということになるだろう。聖徳太子は、この前方後円墳のまとう聖の観念を否定しようとしたのではあるまいか。

しかし以上とはちがって、前方後円墳の体現する思想を、死者が海上彼方の世界に赴くとする海上他界観だと考える研究者も多い。

その理由は、いわゆる装飾古墳（石室内部を色彩のある紋様や絵で飾ったもの）に大型の船の壁画が現れたり、埴輪の線刻画に時々、船のモチーフが見られたりするとともに、しばしば準構造船とよばれる大型船を模倣する埴輪が出土するからで、壁画では福岡県の珍敷塚《めずらしづか》古墳がよく知られている。埴輪では三重県松阪市の宝塚一号墳から列島最大の船形埴輪が出土し、現在、完全に復原されて展示されている（松阪市文化財センター、はにわ館）。

海上他界観は、亡くなった首長が海上の彼方の世界に船に乗って赴くという見方だが、しかしその見方では何のために前方後円墳が築造されたのか分からなくなる。被葬者が海上他界へ赴くためになぜ前方後円墳を必要としたのか、海上他界へ去ったあと、残された前方後円墳は何のために存在するのか、分からなくなる。そのため、たとえば海上他界観をとる辰巳和弘氏は「墳丘、葺石、周濠、埴輪、埋葬施設、副葬品、木管等々、古墳を構成するさまざまな要素は他界を構成する仕掛けなのである」という。つまり古墳それ自体が「聖なる他界」なのだという。

しかしもしそうならば、辰巳説において、なぜ、亡き首長が船に乗って他界へ行くという観念上の迂回を必要としたのだろうか。彼はすでに「聖なる他界」のただ中にいるのだから、船に乗って行き、再び帰って来るという航海をする必要がなかったのではないか。

このことに関しては、辰巳氏による東殿塚古墳出土の円筒埴輪線刻画の研究調査が興味深い。その線刻画には、船先に立つ竿《さお》の上に「ひときわ大きく鳥が描かれ」ている。「頭上の大きな鶏冠、大きく伸びた尾の表現、あきらかに雄鶏である」。どうして雄鶏なのか。雄鶏は「太陽を呼び出す霊鳥」であり、亡き首長の乗る船は、「永遠に再生を繰り返す太陽とともに天空を往く」「太陽の船」だからであるという（次頁　図1）。(8)

亡き首長は、「太陽の船」に乗ってカミとして日々再生するのだろう。

しかしさらにもう一つ問題がある。カミとして再生するために、なぜ船に乗るのか。それもしばしばゴンドラ型の準構造船に。

辰巳氏は宝塚一号墳の大型の船形埴輪に関して、「被葬者の生前の政治的地位や職掌を顕示し象徴する」ものではなく、「古墳時代通有の葬送観念」に由来するという。しかし本当にそうだろうか。私の知るかぎり、海のない地方の古墳から船形埴輪は出土していない。

宝塚一号墳は伊勢湾を見おろす位置の前方後円墳であり、その築造時期とほぼ同じ頃、伊勢湾の向こう側、愛知県吉良町（現・西尾市）に、三河湾の海上交通を支配した首長の前方後円墳・正法寺《しょうぼうじ》古墳が造営されている。(9) おそらく宝塚一号墳の被葬者は、伊勢湾を支配した海の豪族であり、三河湾の支配者とも交流し、共同体の再生産にとって必要な人・技術・物の流通を掌握していた。だから彼は、その生前の大きな権力と同時にかつて担っていた大きな社会的機能の遂行ゆえに、死後カミとして神格化されたのであろう。

以上、前方後円墳に関して、古墳被葬者をカミに転化する装置とする解釈、被葬者を封じ込める装置とする解釈、海上他界観の具体化とする解釈、それぞれを見てきた。その結果、前方後円墳は人が人をカミにする観念装置、ないし人がカミになる装置であるという見解が妥当

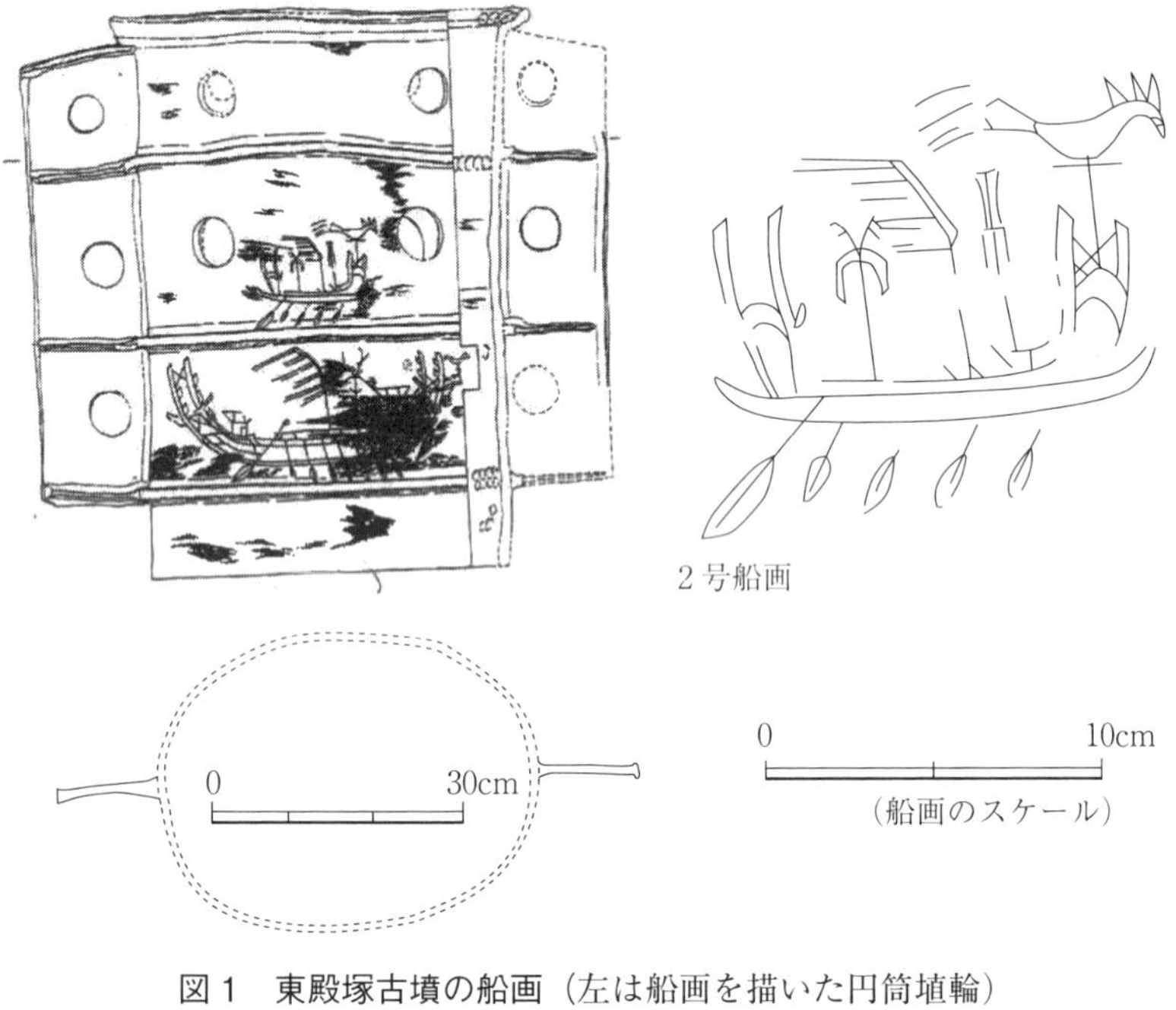

図１　東殿塚古墳の船画（左は船画を描いた円筒埴輪）
辰巳和弘『古墳の思想』36頁（本章注8）

のように思われた。これが正しければ、聖徳太子の前方後円墳造営停止政策は、中央集権化の推進という政治的理由とともに、人をカミにする、人をカミにすることができる、という思想の否定でもあったといえるだろう。

二　黄泉の国と聖徳太子

（一）黄泉の国の考古学

記紀神話のなかに、イザナギノミコトが死んだ妻イザナミノミコトにもう一度会いたいと想い、黄泉《よみ》の国を訪れるが、しかし腐乱する死者の姿を見て逃亡し、やがて追いかけてくるイザナミノミコトに別離を宣言する、という物語がある。

この物語に関して、考古学者の小林行雄氏は、一九四九年の論文で、物語のなかに出てくる「黄泉戸喫《よもつへぐい》」という死者の世界への参入を象徴する食事行為と、横穴式石室のなかで食物を調理したとみられる土器の出土とが対応関係にあると考え、横穴式石室で行われる実際の葬送儀礼の存在を黄泉の国の物語の背景として想定した。(10)

その後、白石太一郎氏は、一九七五年の「ことどわたし考」という論文で、この記紀神話全体を、横穴式石室の仕組みを舞台とする葬送儀礼を反映したものと解釈し、物語の中心モチーフを「ことどわたし」、つまり死者と生者の世界の「別処《べっしょ》」であることの宣言であるとした。(11)　悪霊化する危険をもつ死者を、生者の世界から隔離せねばならない、という神話として解釈するわけだ。白石氏は先ほどみたように、前方後円墳を被葬者（死者）を封じ込める装置とする立場なので、この神話をこのような意味での「ことどわたし」のテーマとして解釈するのは自然なのである。白石説においては古墳石室・儀礼・神話いずれも死者を封じ込めることをテーマとする。

この白石論文の骨子を物語展開に即して追ってみよう（物語自体は日本古典文学大系『古事記』岩波書店一九五八年）。

黄泉の国に来たイザナギが、イザナミに会い、

「愛《いと》しき我が汝妹《なにも》の命《みこと》、吾と汝と作れる国、いまだ作りおへずあれば、還《かへ》りまさね」

と帰還を促すと、イザナミは、

「悔《くや》しかも、速《と》く来まさず、吾は黄泉戸喫《よもつへぐひ》しつ」

と答える。

この「よもつへぐひ」は白石氏によれば、実際の古墳において「死者に黄泉国の食物を供する儀礼」の物語表現であるという。

さて、イザナミはすでに「よもつへぐひ」してしまったが、帰りたいので「黄泉神《よもつかみ》」に相談してくると言い、さらに、その間私を御覧になってはいけません、と言って去っていった。

イザナギは、その言葉「我をな視《み》たまひそ」、という禁令の言葉を破り、髪にさす櫛の歯一本に火をともす。と、そこには「蛆《うじ》たかれころろきて」腐乱する死骸があった。

イザナギは逃走する。白石氏によれば、その逃走は、埋葬儀礼の後の「呪的逃走」というもう一つの儀礼の物語表現であるという。すなわち、埋葬儀礼後、参列者は遺骸のある玄室から入口に向かう羨道《せんどう》を、「一定の身につけた品物を遺棄しながら」逃走する。物語のなかでイザナギは逃亡する際、追手の「黄泉醜女《よもつしこめ》」たちから逃れるために身につけていた物を投げ捨てる。

物語の最後のクライマックスでは、イザナミ自身が迫ってくる。

イザナギは「千引《ちびき》の石」を「黄泉比良坂《よもつひらさか》に引き塞《さ》へて、その石を中に置きて」、「事戸《ことど》を渡す」。その行為は、白石氏によれば、「横穴式石室の閉塞施設」である大石によって石室を封鎖する際、「死者に対し現世との別処を宣言し、死霊を黄泉の国すなわち石室内に封じ込める呪的儀礼」を表現するという。

黄泉の国の物語が、六世紀に一般化した横穴式石室を舞台装置として作られていることは確かだと思う。イザナミがイザナギを迎える場面で、「殿《との》のくみ戸より出向へたまふ」とあるが、これは玄室の玄門に設置された扉《とびら》石《いし》のことであろうし、イザナギが火をともして遺骸を見る場面は確かに玄室のなかの情景を想わせる。「千引の石」による「ことどわたし」場面も、白石氏のいうように「長い羨道をその入口で閉塞する六世紀中葉以降の発達期の横穴式石室の実態を反映」しているのだろう。

黄泉の国の物語が横穴式石室を舞台装置として創作されたことに異論はないけれども、しかし、だからといって、この物語が六世紀に実際に行われていた葬送儀礼を物語化したものである、ということには疑問がある。「死者に黄泉国の食物を供する儀礼」とか、「呪的逃走」という儀礼とか、あるいは死霊を「石室内に封じ込める儀礼」などは、むしろ黄泉の国の物語から推測された架空の存在である可能性が強い。つまり、実際に行われていた儀礼の物語化ではなく、物語からそのような儀礼の存在について推測したものにすぎないと思われる。

物語からこのような儀礼の存在を推測するのは、白石氏において、横穴式石室が「死後の世界をきわめて穢れた『膿沸《うみわ》き蟲流《うじたか》る』『汚穢《きたな》き国』とする思想」にもとづいて作られた、という前提があるからだ。つまり、死者の国を体現する横穴式石室は汚れた世界であり、だから埋葬後、この汚れを払い落とすための儀礼が行われていたはずだと考えるのだろう。しかしこのように考えると、以前の、古墳についての被葬者封じ込め説と同じ問題が浮上する。すなわち古墳を造営した人びとは、死者の汚れた国である横穴式石室をコストをかけて作り、その汚れから逃れるために儀礼を行ったという奇妙な結論が生まれることになる。つまり、大規模な墳丘とともに石造りの立派な横穴式石室を造った理由が分からなくなる。

事実は反対なのではないか。

古墳および横穴式石室は、神聖な空間として造営され、黄泉の国の物語はそのような古墳や石室の思想に対して正面から挑戦しているのではあるまいか。

（二）黄泉の国の視点

これまで見てきたように、前方後円墳はおそらく亡き首長をカミ（神）に転化するための装置だっただろうし、したがって、横穴式石室は前方後円墳という聖なる空間の中心だったにちがいない。

イザナギがイザナミの禁令を破って、暗黒の石室に火をともし「蛆《うじ》たかれころろきて」腐乱する遺骸を見るシーンは、横穴式石室を神聖空間の中心とみなす古墳の思想に対する原理的な対決だったであろう。

時折、このシーンに関して、横穴式石室ではしばしば追葬が行われたので腐乱する遺骸を見る機会が多くなり、このような描写も生まれてきたのだろう、と言われることがある。しかし、横穴式石室成立以前であろうと以後であろうと、古墳時代の人間で死体が腐るということを知らぬ人間はいない。それにもかかわらずその人びとは、死者（首長）を神聖化し、石室を神聖空間としてイメージした。黄泉の国の神話のリアリズムは、この聖のイメージを打ち破るために暗黒の石室に火をともすのであり、単に経験的事実を語ろうとしたわけではない。

それゆえに、この黄泉の国の神話のリアリズムは、古墳の思想と対決する原理の上に立っている。その原理とはおそらく仏教であろう。仏教は、死者の来世での冥福を祈りはするが、しかし死者崇拝のごとき死者の神聖化はきっぱりと否定する。聖徳太子が死んだとき、仏教に帰依する上宮王家の人びとは死によって太子がカミになったり仏になったりするとは誰も考えず、天寿国に再生することを祈願した。

さらに仏教は、肉体の感覚器官に随伴する欲望が現世への執着をひき起こすと考え、この執着を断ちきり、人間の無常性を自覚する修行として、墓場で腐乱する死体を直視するようなこともする。

記紀神話のなかでは、イザナミは国生みの母であり神々の母でもある。そのイザナミの死後の姿に対して戦慄すべき描写をすることができたのは、おそらく仏教という思想の立場に立っているからで、確固とした思想的根拠なくしてはこのリアリズムを貫くことはできなかっただろう。

(三) 黄泉の国の歴史的背景

黄泉の国の神話は、聖の観念をめぐる仏教と古墳文化との対立を表現しているように思えるが、その対立は具体的・歴史的な契機を内に含んでいるかもしれない。というのは、この神話は現実の地名と結びつけられて創作され伝承されてきたからだ。

死んだイザナミの葬られた場所は、「出雲《いずも》の国と伯耆《ほうき》の国との堺なる比婆《ひば》の山」である。

イザナギがイザナミに「事戸《ことど》を渡す」場所は「黄泉比良坂《よもつひらさか》」であるが、それは古事記の注によれば「出雲の国の伊賦夜坂《いふやさか》」(島根県八束郡東出雲町揖屋、現・松江市東出雲町揖屋)である。この場所でイザナギがイザナミに「事戸《ことど》を渡す」と、イザナミは応えて言う、

「愛しき我が汝兄《なせ》の命《みこと》、かくしたまはば、汝《みまし》の人草、一日《ひとひ》に千頭《ちかしら》絞《くび》り殺さん」。

イザナギも応える、

「愛しき我が汝妹《なにも》の命《みこと》、汝然《みまししか》したまはば、吾は一日に千五百《ちいほ》の産屋《うぶや》を立てむ」。

イザナミとイザナギの対立は、私的な愛憎ではなく、出雲の国と大和の国、あるいは出雲の地域政権と大和政権とのかつての対立が、イザナギの立場つまり大和政権の側から回顧されているのかもしれない。そして、出雲の国が死者イザナミの世界として描かれているのは、すでに大和政権が出雲の地域政権を平定した結果だからなのだろう。勝者が生命の国、敗者が死の国に住むのは、物語上の必然だ。黄泉の国物語の創作と伝承の担い手を探究するために、この出雲平定の過程について概観しておこう。

大和政権による出雲の平定に関しては、すでに一九五一年の井上光貞氏の研究がある。それによると、出雲は大きくいって東出雲（意宇《おう》川流域）と西出雲（斐伊《ひい》川流域）とに分けられるが、大化以前、大和政権は東出雲の勢力を国造《くにのみやつこ》として取り立て、それまで自立的だった西出雲の勢力を屈服させ、祭司権も奪い取ったという。(12)

この結論は、その後、渡辺貞幸氏たちの考古学研究によって確認され、具体的に拡充されることになった。(13)要点のみを摘記すると――。

古墳時代後期、六世紀中葉以降、西出雲に大型前方後円墳・大念寺古墳が現れ、ほぼ同じ時期、東出雲にも大型前方後方墳・山代二子塚古墳が現れ、両地域において、それまでの中小規模の古墳の散在的なあり方が消えてしまう。この過程を渡辺貞幸氏の作成した古墳地図で見ると次頁のようである（図2）。（なお五七頁　図3も参照のこと）

西出雲の場合、大念寺古墳の造営氏族は、これまで定期的に氾濫する「暴れ河」斐伊川の治水に成功し、西出雲に統一権力を構築した。この過程はスサノオ神のオロチ退治の神話に反映されている。すなわち八尾大蛇ヤマタノオロチは幾筋もの支流をもつ斐伊川であり、大蛇が求める姫君クシナダヒメは洪水に侵される稲田の象徴で

前半期（6 世紀前葉まで）の大型古墳

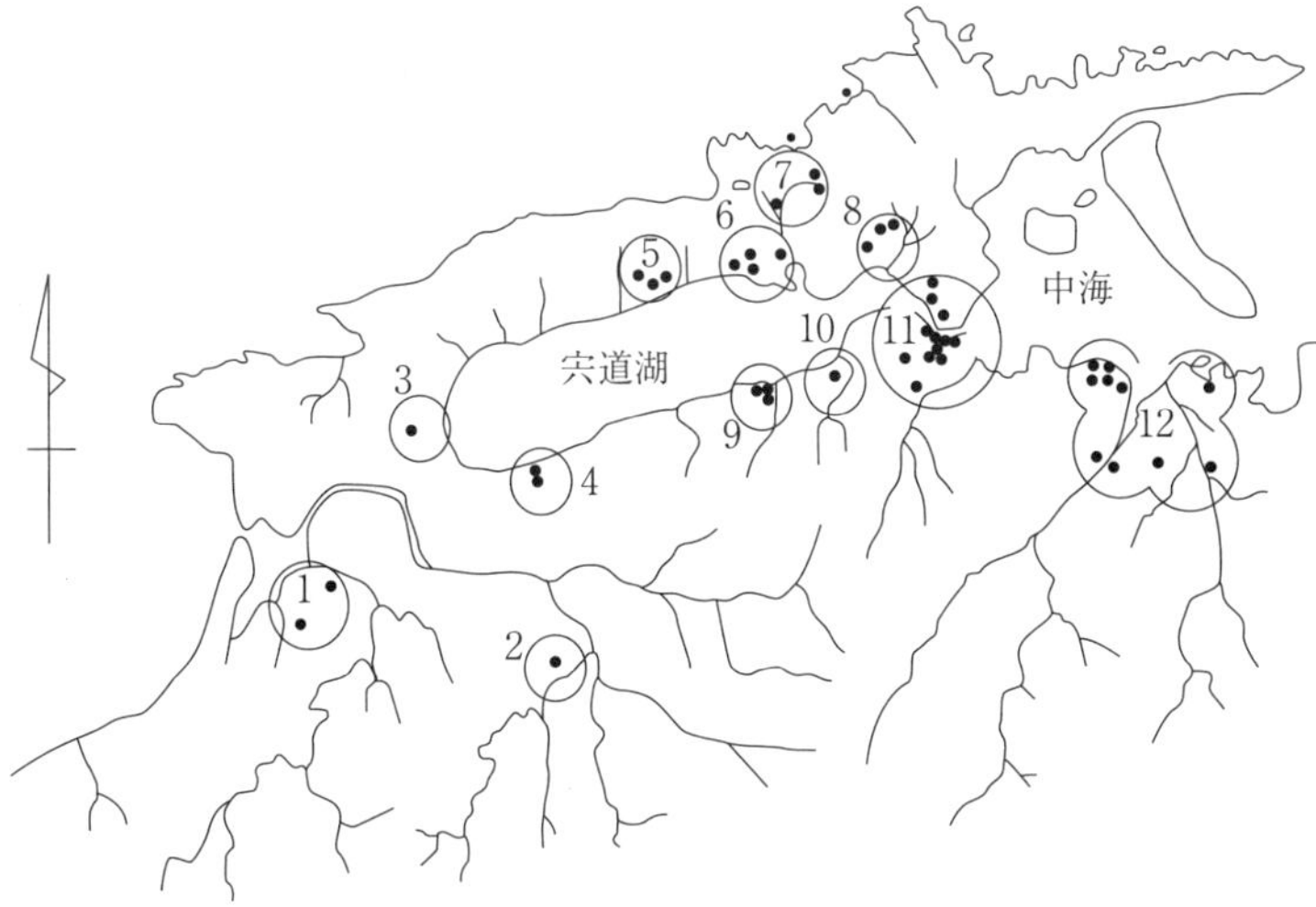

後半期（6 世紀中葉以降）の大型古墳

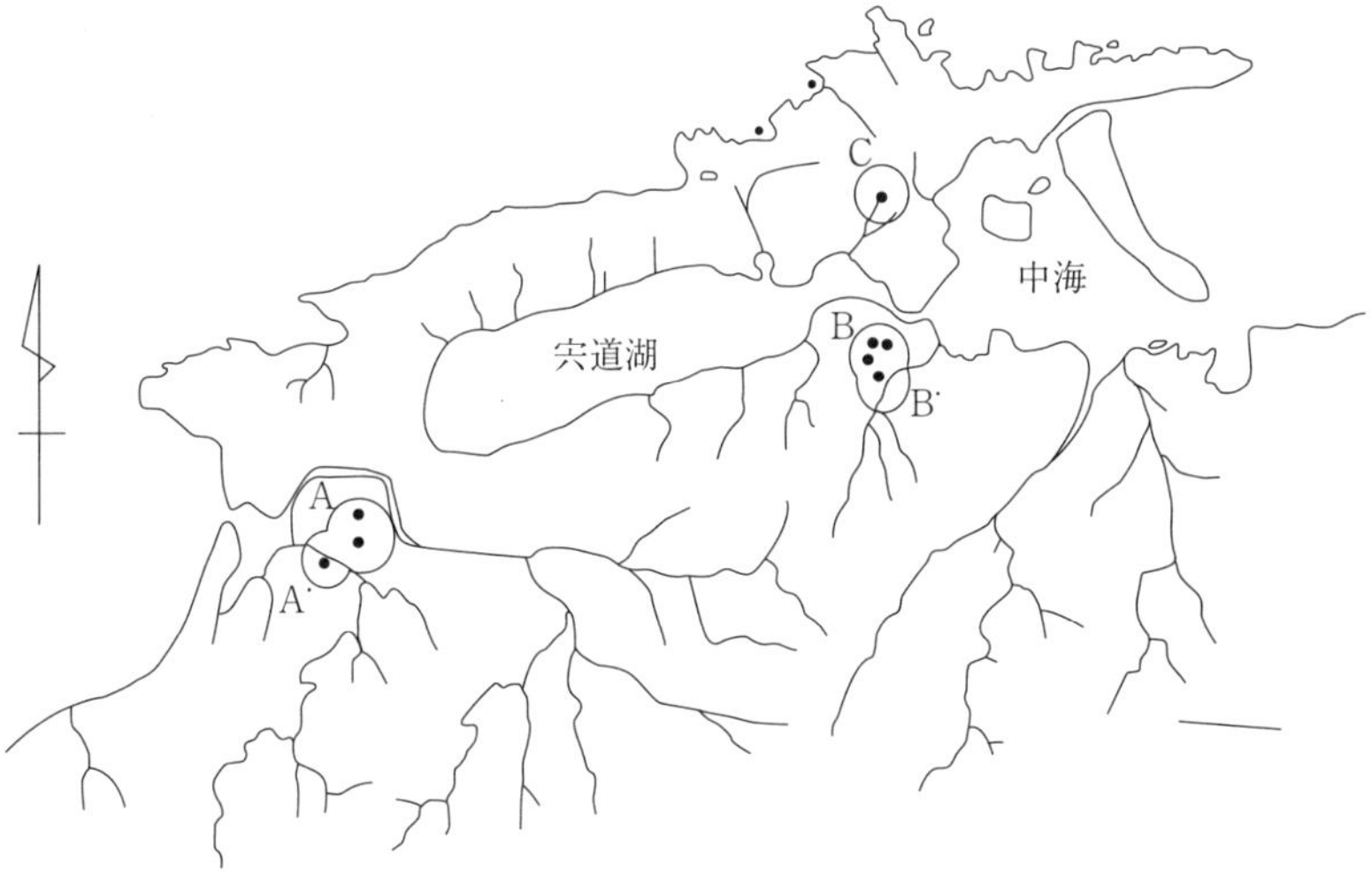

図２　出雲における大型古墳の変遷

渡辺貞幸「古墳時代の出雲　考古学からみた政治史」
飛鳥保存財団編『明日香風 22』（本章注 13）
（A：西出雲　B：東出雲）

ある。(14) したがって、ヤマタノオロチを退治したスサノオ神は、治水の善神であるが、西出雲の統一権力の担い手・大念寺古墳造営氏族が、当時、大和政権と対立していたので、その氏族の祭るスサノオ神は、大和政権の立場からイザナギの子・天照大神のいる高天原を追放され、出雲の国に天降《あまくだ》る荒ぶる神とされた。後に西出雲が大和政権に服従すると、スサノオ神は、退治した大蛇の尾から手に入れた草薙《くさなぎ》の剣を天照大神に献上することになる。

大和政権が西出雲の勢力を屈服させる仕方は、これまで見てきた東国の場合とよく似ている。古墳時代後期、東出雲において、たしかに大型前方後方墳・山代二子塚古墳が造営されたが、その後、中小規模の前方後円墳が造られるにとどまり、権力が拡散されたような様子をみせる。が、六世紀末、聖徳太子の時代、巨大方墳・山代古墳が築造され、それ以外の大規模な古墳造営は見られなくなる(図3)。すなわち東出雲の勢力は、大和政権と結びつき、前方後円墳を放棄した。そして国造となり、西出雲の勢力を圧倒することになる。しかしこの勢力と大和政権とを結びつけたのは、渡辺貞幸氏の研究によれば、東出雲意宇《おう》地域に隣接する飯梨川流域の「中央直結型の有力首長」であるという。大和政権のいわば先兵としての役割を果たした飯梨川流域のこの氏族に関して、渡辺氏は次のように報告する。

さて、出雲の古墳時代後期を考える時にもう一つ忘れてならないのは、飯梨川扇状地(安来平野)縁辺に夥しい横穴墓を造った集団である。というのは、これらの中には驚くほど豪華な副葬品をもつものがあるからである。とりわけ注目されるのは鷺《さぎ》の湯病院跡横穴と呼ばれる今はなき横穴墓で、ここからはかつて金銅製の冠立飾、単鳳環頭や円頭の銀装太刀、金環、鏡、馬具その他の、きわめてすぐれた遺物が発見されている。特に四対の金環の一対は、日本ではほとんど出土例のない「太環式耳飾」と呼ばれるもの、立飾も鶏冠形で忍冬文の透し多数の歩揺《ほよう》を付けたもので、

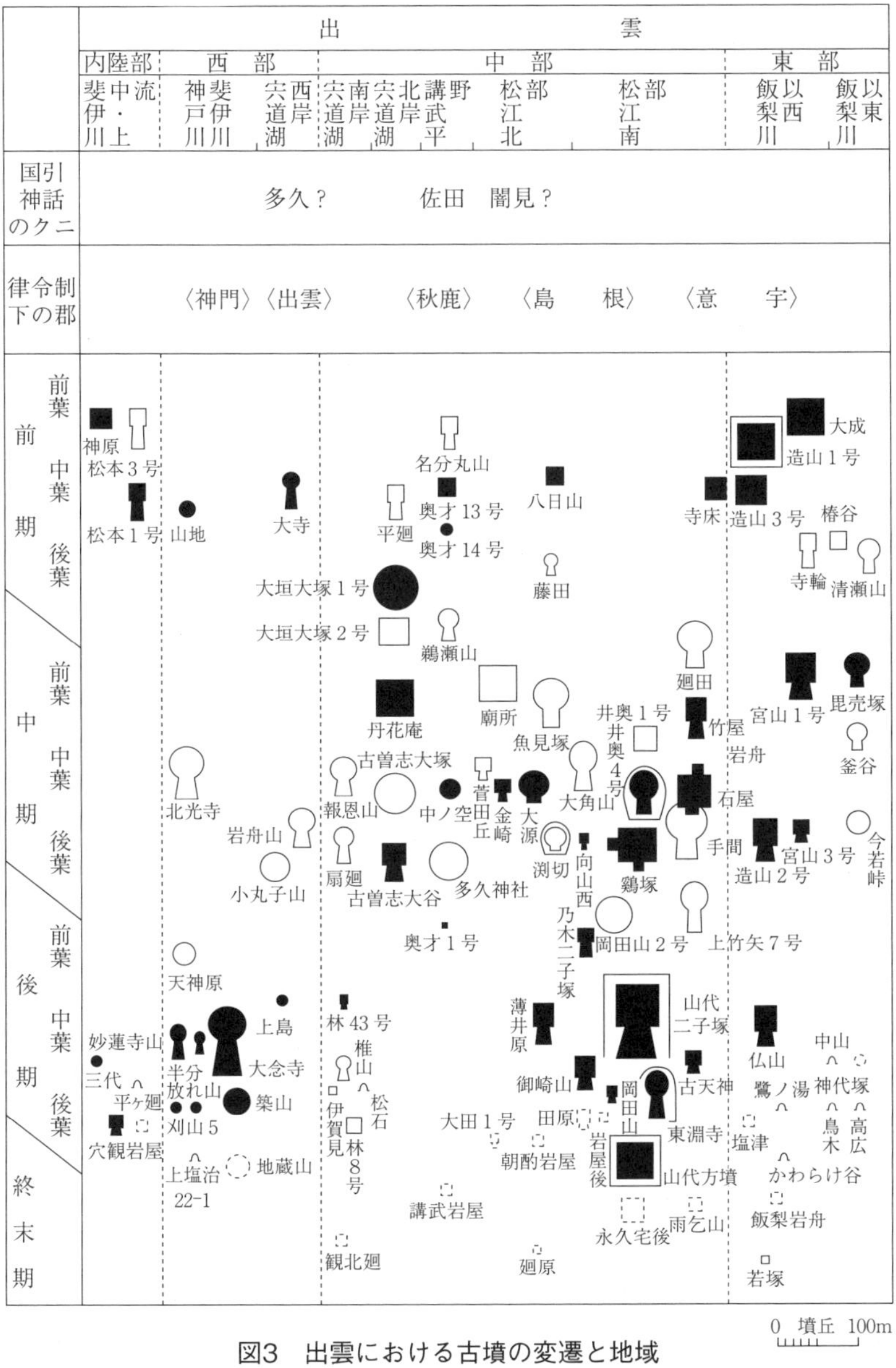

図3　出雲における古墳の変遷と地域

武廣亮平「額田部臣と部民制」瀧音能之編『出雲世界と古代の山陰』

（∩は装飾大刀出土の横穴墓）

これも日本には類例がない。このような、全国的にも稀れな朝鮮よりの舶載品を多数副葬品としてもつ横穴の被葬者は、一体何者なのだろうか。

（四）聖徳太子

鷺《さぎ》の湯病院跡横穴に埋葬され、中央直結型で、しかも朝鮮の舶載品をもつ有力首長、およびこの首長と交渉をもった大和政権の構成メンバー、彼らの姿を探索する上で、考古学者新納《にいろ》泉氏の古墳出土装飾太刀《たち》の分布研究が示唆深い。(15) 新納氏は中国・四国地方における装飾太刀に明確なパターンを検出している。

まず、単竜・単鳳環頭太刀は、「百済系の太刀」であるが、それは吉備（備前・備中・備後）・周防・長門・讃岐などの瀬戸内海沿岸地帯に分布する。

それに対して、双竜環頭太刀は、「高句麗系の太刀」で、「出雲や丹後を通じて畿内に通じる交通路沿いに分布している」。

したがって、この二つの装飾太刀は「対外交渉のルートと強く結びついて分布している」のであって、前者を「瀬戸内海ルート」、後者を「日本海ルート」に大別することができるという。しかも、この「日本海ルート」を特徴づける双竜・双鳳環頭太刀は「多くは六世紀後葉から七世紀初頭にかけて盛行した」。つまり聖徳太子の時代である（図4）。

装飾太刀は、大和政権が地方の、あるいは配下の、有力豪族に与えるものである。だから、「百済系の太刀」は蘇我氏によって「瀬戸内海ルート」居住の豪族たちに与えられたものだろうし、「高句麗系の太刀」は聖徳太子・上宮王家によって「出雲や丹後」そして畿内に至る交通路沿いを握る豪族たちに与えられたものだろう。

すなわち聖徳太子は「日本海ルート」を掌握するために出雲への進出をめざしていたにちがいない。

出雲国風土記には、大型船の停泊可能な四つの港についての記載がある。(16)

また、古墳時代の遺跡から、朝鮮半島との直接的な交流を示す朝鮮系の土器が、出雲で多数出土する。(17)

おそらく聖徳太子は、蘇我氏の勢力の強い、百済にいたる「瀬戸内海ルート」に対して、百済を経由せず直接に新羅や高句麗と交流可能な「日本海ルート」を求め、その過程で、朝鮮半島との結びつきの強い飯梨川流域氏族との関係を深め、やがて東出雲の山代方墳造営氏族を国造に推すとともに、他方では、自立性の強い西出雲の大念寺古墳造営氏族と対立関係に入ったと思われる。こうした状況のなかで、この西出雲の首長（古墳被葬

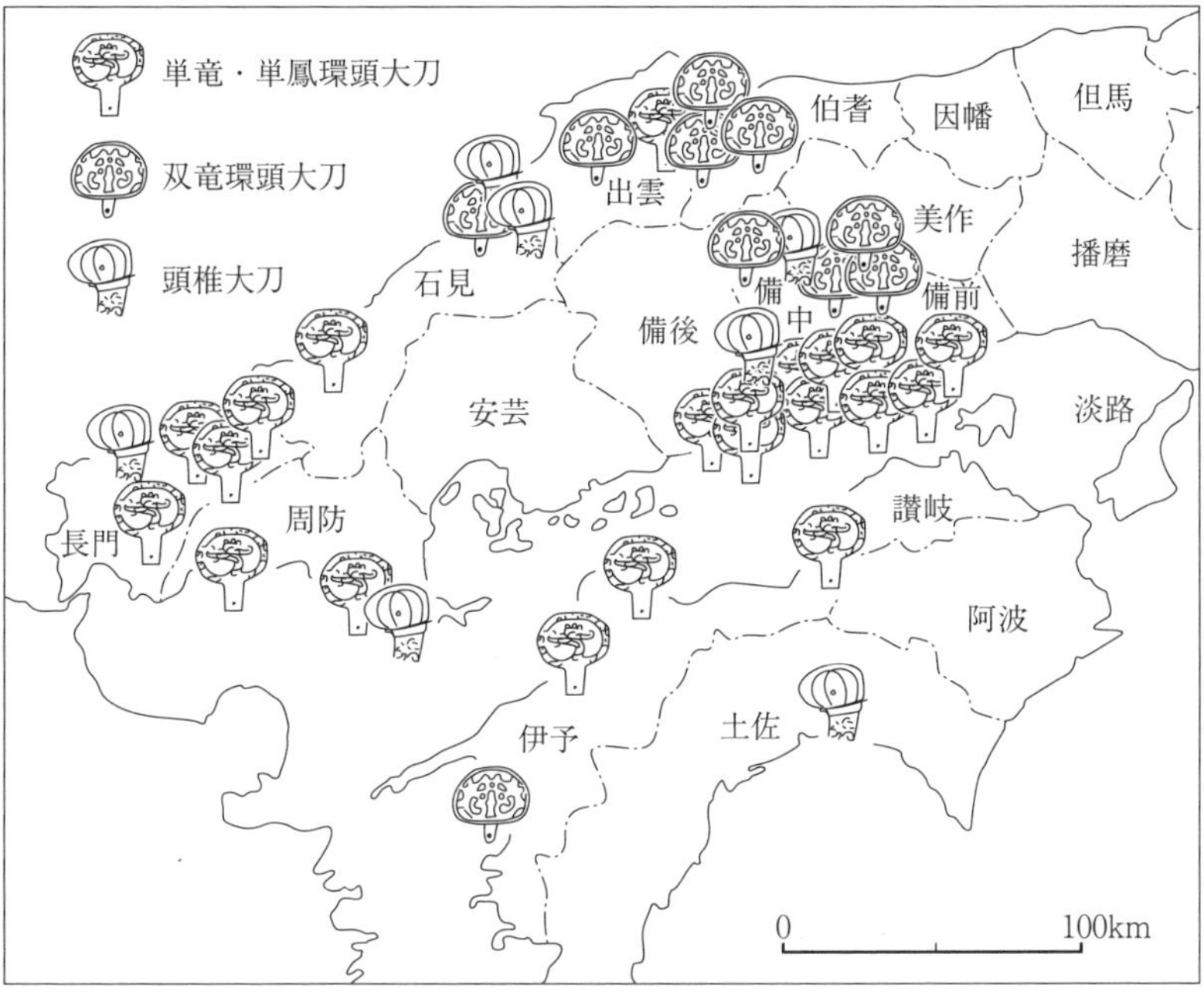

図4　聖徳太子と装飾太刀

新納 泉「装飾付大刀の分布」『新版　古代の日本第４巻　中国・四国』（本章注15）

者）をカミと仰ぐ世界に対して、聖徳太子をかこむ知識人サークルが仏教の立場から黄泉の国の物語を創作したのではないだろうか。

（1）広瀬和雄『前方後円墳国家』角川選書、二〇〇三年、一〇二－一一五頁
（2）「沖ノ島」昭和二九－三〇年　第一次調査報告書、二四七、三三七頁
（3）「続　沖ノ島」昭和三一－三二年　第二次調査報告書、一四三頁
（4）白石太一郎「墓と他界観」、上原真人、他編『列島の古代史7　信仰と世界観』岩波書店、二〇〇六年
（5）穂積裕昌「封じ込める力―辟邪発現の方向とその意味」、『古墳時代の喪葬と祭祀』雄山閣、二〇一二年
（6）車崎正彦「古墳祭祀と祖霊観念」、『考古学研究 四七巻二号』二〇〇〇年
（7）近藤義郎『前方後円墳と吉備・大和』吉備人出版、二〇〇一年
（8）辰巳和弘『古墳の思想』白水社、二〇〇二年
同『他界へ翔る船』新泉社、二〇一一年
（9）『愛知県史 資料編三 古墳』二〇〇五年、五八〇－五八一頁
（10）小林行雄「黄泉戸喫」、『古墳文化論考』平凡社、一九七六年
（11）白石太一郎『古墳と古墳時代の文化』塙書房、二〇一一年
（12）井上光貞「国造制の成立」、『史学雑誌 六〇巻一一号』一九五一年
（13）渡辺貞幸「松江市山代二子塚古墳をめぐる諸問題」、島根大学編『山陰文化研究紀要 二三』一九八三年
同「古墳時代の出雲　考古学からみた政治史」、飛鳥保存財団編『季刊　明日香風 二二』一九八七年
（14）高嶋弘志「出雲国造の成立と展開」、瀧音能之編『出雲世界と古代の山陰』名著出版、一九九五年
（15）新納泉「巨大墳から巨石墳へ」、稲田・八木編『新版　古代の日本　第四巻　中国・四国』角川書店、一九九二年
同「装飾大刀と古墳時代後期の兵制」、『考古学研究　第三〇巻　第三号』一九八三年
（16）水野祐『古代の出雲と大和』大和書房、一九七五年、二二八頁以下
（17）亀田修一『日韓古代瓦の研究』吉川弘文館、二〇〇六年、三四二－三四三頁

三章

群集墳と冠位十二階の思想

一　群集墳

六世紀末期、聖徳太子時代の初期、畿内では前方後円墳の築造は行われなくなった。ちょうどそれと入れ替わるようにして群集墳が盛行する。

群集墳というのは、特定の地域（墓域）に小型の円墳・方墳などが密集して現れる現象のことだが、和田晴悟氏は六世紀末期に盛行するこれらの群集墳を、それ以前の多様な埋葬施設をもつ円墳群と区別して「新式群集墳」と名づけ、「古墳時代後期中葉から飛鳥時代初頭を中心とする畿内型横穴石室をもつ円墳群」というふうに定義している。(1)

「新式群集墳」に関してこれまで問題とされてきたことは、なぜ「前方後円墳の終焉期」に「新たな群集墳の造営の開始が集中」するのか、という「両者の関連性の有無」の問題、そしてその後、この群集墳が急速に衰退してゆくのはなぜかという問題だった。(2)

　群集墳は六世紀後葉－末葉に盛期を迎え、七世紀初頭に衰退し、その後、追葬はされるものの、七世紀中葉－後葉には追葬もみられなくなる。（安村俊史氏）(3)

　後に畿内と呼ばれる地域においては、後期古墳の特徴である群集墳の造墓活動の停止が、六世紀末から七世紀初頭とみてよい例が多く、この時期が終末期の一つの画期と考えられる。（前園実知雄氏）(4)

群集墳に着目せざるをえないのは、特にその衰退が七世紀初頭に始まるので、聖徳太子とのかかわりが想定されるからである。いったい、群集墳にはどのような社会的・政治的な性格があったのだろうか。群集墳と聖徳太子とのかかわりを考える前提として、考古学による群集墳研究の成果を概観しておこう。

畿内の大型群集墳に関する本格的な研究は、白石太一郎氏によって始められた。(5) 白石氏は群集墳を「擬制的同族の共同墓地」とする観点に立って実証的に分析した。擬制的同族関係というのは、実際上の血縁関係があってもなくても、観念上、血縁で結ばれているという自己意識をもつ集団のことで、とくに大規模な群集墳の場合、畿内の有力豪族とその傘下に組み込まれた「中小共同体の首長層や有力成員層」のフィクショナルな同族意識のことである。有力豪族の場合以外にも、たとえば渡来系の人びとが擬制的同族関係によって結ばれ群集墳を形成する場合もある。

擬制的同族関係は、血縁の共通性という観念から成り立っているので、その集団の成立の原点に共通の祖先を設定するということが多い。群集墳の場合、いわば群集墳が仰ぎ見る位置に、旧来の大型前方後円墳があり、その被葬者を共通の祖先と観念するケースがしばしばあるという。白石氏のこうした観点は、その後の考古学研究において「始祖墓」という概念に彫琢され継承された。(6)

畿内の大型群集墳について、白石氏の研究の結論をいくつかあげてみる。具体的イメージをもつためにはそれが一番の近道だ。

- 奈良県・新沢千塚古墳群。五世紀後半から六世紀前半に築造のピーク期をむかえる。一〇〇メートルの近距離に大型前方後円墳・宣化陵《せんげりょう》と大型方墳桝山《ますやま》古墳がある。この古墳群は築造時期から「大伴氏を中心とする同族集団」の群集墳として推定され、近くの桝山古墳は、宣化天皇（大王）に仕えた大伴氏の族長墓（共通の祖先）と考えられていた、と推定される。

• 奈良県・竜王山古墳群。六世紀後半から末葉にかけて三〇〇基の古墳が築造された。近くに崇神天皇陵と景行天皇陵がある。「六世紀の大王家が、崇神・景行陵の被葬者のごとき初期の大王を媒介として設定した擬制的同族関係にもとづいて自己の支配下に組み込んだ大和各地の中小氏族の共同墓地」。

• 奈良県・巨勢山古墳群。近くに四世紀末に築造された大型前方後円墳・宮山古墳がある。「宮山古墳の被葬者をその集団の祖と考える人々によって、宮山古墳を見おろすことのできる背後の山の尾根上に順次古墳が造営され、ついに今日見るがごとき大群集墳が形成されたものであろう」。

• 河内・平尾山千塚《ひらおやませんのづか》古墳群。六世紀前半から七世紀前半に造営。「平尾山千塚は、松岳山古墳の被葬者を共通の祖先と考える、おおくの複数の同族集団によって形成されたものと考えたい」。

一〇〇基を超える大型群集墳は畿内にまだ幾つかある。そのような大型群集墳についての考古学研究は、擬制血縁関係による畿内豪族集団の墓制という白石太一郎氏の視角を継承し、その上で特に副葬品の分析からその集団の具体像に迫ろうとする傾向にある。(7)

ここで本来の問題にもどることにしたい。

大型群集墳が擬制的同族関係の表現であるとして、それがなぜ聖徳太子時代に衰退するのだろうか。あるいは、大型群集墳の衰退と聖徳太子の政治との間に何か関係があるのだろうか。

白石太一郎氏は、「七世紀初めの、多数の群集墳における造墓活動の停止は、……蘇我氏の主導のもとに進められた政策の結果と考えることができるかもしれない」と述べている。蘇我氏が、物部氏のような敵対する豪族に対して抑圧的な政策をとれば、それらの抑圧された豪族に属する人びとの群集墳形成はもちろん衰退するからだ。

しかしそれだけであれば、蘇我氏に対立する諸豪族の側の群集墳が消滅するだけであって、蘇我氏側の群集墳造営は持続したはずだ。実際、蘇我氏自身が、畿内豪族として、その配下の人びとの群集墳造営を積極的に受け容れていた可能性もある。たとえば河内の一須賀古墳群は、馬具・武器・渡来系副葬品などや地理的な位置から、しばしば蘇我氏系の群集墳とみなされてきた。(8) しかし、七世紀初頭を過ぎてゆくと、群集墳それ自体が全面的に衰退していき、蘇我氏系豪族か否かという区分けは意味をなさなくなる。つまり、群集墳の衰退は、擬制血縁関係という集団（豪族）形成原理それ自体が大和政権によって否定された結果であると思われる。そして蘇我氏が他の豪族のようにこうした古い集団形成原理をひきずっていたとすれば、この原理の否定者は蘇我馬子ではなく聖徳太子であった可能性が強い。

これまで大和政権は、大王を中心としつつも、擬制血縁関係という古い原理で形成された豪族の、時時の連合という性格が強かったが、こうした豪族のあり方を根本的に変革する新しい原理が大和政権のなかに導入され、その結果として群集墳は衰退したのではないか。そして、この新しい原理の具体的な姿が冠位十二階という新しい制度であり、その制度設計の中心に聖徳太子がいたのではないか。次にこの点を検討してみることにしたい。

二　冠位十二階

（一）研究史上の問題

冠位十二階は、大和政権を構成する身分・位階を上下十二に区分する制度だが、推古十一年（六〇三）十二月に制定され、翌年正月に実施された。

冠位十二階に対する見方・評価は、研究史上、大きく二つに分かれている。

一方の側は、推古朝における「原初的な官人組織」「官司的なもの」の生成を想定し、これまでの世襲的な、氏姓《かばね》を与えられた豪族の出仕（国家行政の分掌）とは異なる、個人の業績にもとづく「位次」秩序の創出を見る。(9)つまり、朝廷における世襲的な豪族の序列原理に対する、いわば個人原理にもとづくメリット・システム（出自よりも個々人の能力を優先する業績主義）の導入として解釈するわけだが、この立場の問題は、推古朝において本当に「官司的なものが芽ばえてきた」と言えるのかどうか、確証がないことだ。たとえばこの立場から、「官人層が氏族制的な秩序と対立するものとして出ていなかったならば、大体冠位のようなものを新たに別に作る必要はないわけであります」(10)という発言も生じるが、しかしそれは、世襲的な豪族の枠内から分出して、個人として朝廷に仕える官人層が現れたはずだと言うのみで、実証しているわけではない。

したがって、冠位十二階を個人原理にもとづくメリット・システムと解釈する側には「官司制の萌芽」を示す証拠をあげる必要が生じ、時には『日本書紀』以外の文献資料から「前事奏官」「祭官」「大椋《おおくら》官」などの官職名が証拠として提出される場合もある。しかしこれらは同じ立場に立つ研究者からさえもその資料的価値が疑われている。

ところが、一九八二年の法隆寺の調査の際、釈迦三尊像の台座に墨書された文字資料が発見され、そこには「官」名があったので、これこそ「氏姓制の枠」を破る「推古朝のこれまで予想もしなかった官司制の一端」として、大々的に宣伝されることになった。(11)その墨書資料は次のようなものである。

辛巳年八月九日□□□□
留保分七段
書屋一段

□官三段　御文□三段

官名の復原に関しては意見が分かれているが、「辛巳年《かのとみ》」を推古二十九年とすること、また「官」を推古朝における「官人制の萌芽」とすること、この二点に関して、冠位十二階を個人原理の表出とする立場の人びとにおいては共通している。

けれども、墨書資料のこのような解釈には問題がある。

「官」は、法隆寺の私的な「書屋」とならんでおり、また法隆寺釈迦三尊像台座の墨書資料という性格からして、当然にこの「官」は上宮王家の家政機関であって、推古朝政権全体の官職ではない。当時、上宮王家にかぎらず推古朝政権に参与する有力な豪族層は、それぞれがいわば小さな政府のような性格をもっていて、管轄ないし支配領域を経営するための家政機関をもっていた。墨書資料のなかの「官」はこの意味での家政機関をさしているのであって、推古朝政権全体つまり国家の官人のことではない。だからこの墨書資料が、冠位十二階を個人原理にもとづくメリット・システムとする解釈をささえるわけではない。

次に、冠位十二階についてのもう一方の解釈を眺めてみよう。

こちらの側は、冠位十二階を、これまでの氏族制的秩序を打ち破るシステムとしてではなく、「推古朝以前の氏族の尊卑と……自然につながるもの」として捉え、実際問題として冠位授与には「一定の族姓的基準」があったと考える。(12) たとえば、これまで国政に参与してきた「大夫」クラスの最有力豪族層の族長には、冠位十二階の最高位が与えられたであろう、という具合にである。この点に関しては、増田美子氏が資料に現れたかぎりの冠位授与の施行例を調査し、「限られた資料」ではあるがと留保しつつも、「冠位十二階は推古朝以前の氏族の尊卑を変えない形で施行されたと考えるべきだろう」と結論している。(13)

しかし、これに対して冠位十二階についての、さきほどの個人原理説は、しばしば小野妹子の例をあげる。小野妹子は冠位十二階の第五位「大礼」となり、後に最高位の「大徳」に昇進している。むろん遣隋使としての業績が評価されたためである。しかも妹子は近江の「弱小な豪族」小野氏の出身である。(14) この例から見れば、冠位十二階は個人の業績を重視するように見えるし、また冠位授与者（太子と馬子）が従来の大豪族の既得権意識に対して、「弱小な豪族」を抜擢・昇進させて対抗したようにも見える。しかしこうした事例は少なく、全体としてみれば、第二の説が主張しているように以前からの「氏族の尊卑」をそのまま冠位へスライドさせたように思われる。もしそうでなければこの冠位制は施行できなかったか、あるいは少なくとも推古政権内部に大きな混乱を引き起こしただろう。したがって問題は、従来からの有力豪族間の権力秩序を基本的にはそのまま認めるにもかかわらず、なぜ冠位十二階という制度を制定したのかという点にある。

時折、朝鮮三国や隋との外交上、正式な使節に冠位が必要であり、文化国家として冠位制を整備する必要があったという意見もみられるが、本当にそのような便宜上の外面的な理由によるものなのか、それとも何か内発的な、これまでの秩序原理の転換を意図するものだったのか。そのことを考えてみたい。

（二）冠位十二階の思想的背景

冠位十二階は、最高位が徳、次に仁、礼、信、義、智という順序になっており、この六位がそれぞれ大小に分けられて十二位となる。

仁・礼・信・義・智はいずれも儒教倫理を表す概念である。ところが問題は、儒教の五常の倫理の場合、仁・義・礼・智・信の序列なのであるが、冠位十二階ではこの序列が踏襲されず、さらに儒教の最高の理念である仁の上に徳を加え、最高位としていることである。したがって、冠位十二階は、儒教理念を直接の思想的バックボーンとするのではなく、むしろ独自な思想的背景をもち、その上で儒教理念を採り入れるという構造をもっているように思われる。もしそうだとすると、この独自な思想的背景とは何だったのだろうか。

この問題を研究した時野谷滋氏によれば、冠位十二階は六位をそれぞれ大・小に分けて二倍としたものだから、根本は「六グレイド制」であり、この六という数字のなかに冠位制の根本思想をうかがうことができる。というのは、これまでの『古事記』の数観の研究が明らかにしたように、古代日本人に神聖視された数は八で、反対に忌み嫌われた数は六と九であるにもかかわらず、「六グレイド制」は儒教倫理の五常の理念にあえて徳を加えて五＋一を意識的に作っているからである。そして、時野谷氏は、この六という数字の由来を、聖徳太子時代に重んじられた仏教経典、法華《ほけ》経・勝鬘《しょうまん》経・維摩《ゆいま》経いずれもが高くかかげる六波羅蜜《はらみつ》という大乗仏教の実践理念に求めた。

六波羅蜜というのは、施・戒・忍・精進・禅・智慧という仏教の徳目である。だから冠位十二階は大乗仏教にもとづく仏国土の建立をめざすものであり、仁の上に置かれた徳は仏教的な概念で、たとえば高僧が時に大徳と尊称される場合の意味合いと同じだというのである。[15]

冠位十二階の思想的な枠組みが六波羅蜜という大乗仏教の実践理念に由来することは、確証されるわけではないが、可能性としてありえるだろう。『日本書紀』によれば推古二年（五九四）に仏教興隆の詔が下されており、それから冠位十二階の制定までほぼ一〇年の歳月が経っている。冠位制が、事実上、これまでの豪族間の権力秩序をそのまま認める形で施行されたとしても、冠位十二階を媒介にして秩序原理がこれまでとはちがって仏教的なものに転換させられた可能性がある。

このことを考える際、後の時代、鑑真《がんじん》の弟子・思託《したく》の『上宮皇太子菩薩伝』の一部が示唆深いと思う。思託は聖徳太子を上宮皇太子菩薩という美称で呼び、鑑真の法脈《ほうみゃく》上の祖師・思禅師《しぜんじ》の生まれかわりと考えていたのだが（このことは別の章で紹介する）、次のように述べている。

思禅師、後に日本国豊日天皇（用明）宮に生まれる。人を度して出家させんとす。人、皆従わず。即ち、奴《やっこ》、眷《けん》属《ぞく》を捨離《しゃり》すること能《あた》わざる。太子云う、汝、若《も》し出家せば、汝に高位大禄を興《あた》えん。嬬房《じゅぼう》を制《きん》ぜず。是より、出家甚《はなは》だ衆《おお》し。漸《ようや》く三帰五八戒等を制す。是に知る、菩薩の方便善巧、多方なることを。経に云う、先に欲を以て鈎牽し、後に仏道に入ら令《し》むと。(16)

大意は、人びとが仏教に帰依しないので、帰依するならば在俗のまま高位大禄を与えようと太子が方便を用いると、多くの人びとは帰依することになったというものである。

聖徳太子は、おそらく法華経のなかの「火宅のたとえ」に着想を得て、冠位十二階の制定を構想したのではなかったか。そのたとえは法華経譬喩品《ひゆほん》のなかにある。

――かつて一人の長者がいた。その家は広大ではあったが、年を経て壁はくずれ、柱の根は腐《く》ち、棟《むね》は傾いている。時に火事が起こり、四面から迫る。長者は驚き怖れて思った、この舎宅には子供たちがいる、子供たちは火の迫ることを知らず、驚かず、怖れず遊びにふけり、「出ずることを求める意なし」、どうすべきか、と。長者は善き言葉で迫り来る危険を説いたが、子供たちは信受せず、驚かず、怖れず「出ずる心無し」。その時、長者は方便を設けて子供たちを火宅から誘い出すことを思いいたり、「かくのごとき種々の羊車・鹿車・牛車は、今、門の外に在り、もって遊戯《ゆげ》すべし」と告げた。すると子供たちは心勇み、互いに相競って「火宅を出でたり」。(17)

法華経それ自体がこのたとえで何を言いたかったのか、ということが今は問題なのではない。そうではなくて、仏教を導入し、仏教を基礎にして新しい国家を築こうとした聖徳太子がこのたとえをどのように読んだのかが問題なのだ。

聖徳太子にとって、このたとえのなかの古い崩れ落ちるような舎宅は、畿内有力豪族たちそれぞれの擬制血縁的共同体からなる旧来の大和政権をさしていたのではないだろうか。そして、「種々の羊車・鹿車・牛車」のたとえから冠位十二階制定の着想を得たのではないか。むろん朝鮮三国などの、冠位十二階に該当する制度を念頭に置いていたであろうが、外国の制度をそのまま強制的に導入するというのではなく、むしろ有力豪族たちを自発的に仏教による新身分秩序に導くという意図のもとで制定されたように思われる。

冠位十二階の制定によって、実際問題としては、以前からの「氏族の尊卑」がそのまま冠位の上下にスライドするとしても、しかし原理は転換している。いかなる有力豪族といえども、いまや公的な思想である仏教に帰依しないのであれば、冠位の授与からはずれる危険に面した。だから豪族たちは長者の子供たちのように、競って冠位を求めるために仏教の立場へ身を移しかえたであろう。

彼ら豪族たちはこれまで、すでに前方後円墳の造営をやめたとはいえ、かつての前方後円墳の被葬者を共通の祖先とする擬制血縁的共同体を形成してきた。そして、そこに包摂される中小の共同体の首長や有力家長層たちは、横穴式石室を主体部とする群集墳を形成してきた。しかし、畿内有力豪族層が仏教を受容するならば、これまで彼らが行ってきた祖先崇拝や擬制血縁原理による、相互に排他的な共同体形成は捨てられることになる。なぜならば仏教は、家・親族・氏族の血の共通性意識に基づく共同性（他に対する排他性）を否定し、少なくとも観念において「出家」を命じるからである。祖先それ自体はもはやカミ（神）ではなく、むしろ仏による救済の対象となる。

聖徳太子が仏教に着目する根本的理由はここにある。大和政権を構成する豪族たちそれぞれが、血縁原理で結ばれるミクロ・コスモスを作って相互の排他性を維持するかぎり、中央集権的な官僚制国家を形成することができない。冠位十二階は、この中央集権的な官僚制国家をめざし、豪族を官僚化するための最初のステップである。そのためには、豪族たちが仏教を受け容れることが不可欠だった。そして、冠位十二階の制定によって、これら豪族たちが仏教を受け容れると、群集墳の形成も次第に行われなくなった。氏族組織はそのまま残るけれども、氏族成員が仏教に帰依するならば、共通の仏への信仰のもとで、かつての氏族の血の排他性意識からしだいに抜け出してゆくことになる。

（三）冠位十二階と王権論

冠位十二階制は、大和政権を構成する有力諸豪族を官僚化するための身分原理の転換であることを見てきたが、こうした見方に反対する意見もある。

たとえば佐藤長門氏は、「日本古代の群臣は元来、その属性として王権に奉仕する性格を有していたのであり、冠位一二階の制定によってはじめて臣僚化したとは想定できないのである」という。

ここでいう「群臣」は、大和政権を構成する豪族たちそれぞれの首長で、「群臣会議」ないし「合議」を通じて、重要政策の審議や王位推戴などに関与した。

しかし、佐藤氏は、「群臣層の合議を大王権力を拘束する機関」とする見方を否定し、「群臣の特徴は、彼らの地位が大王との個別的・人格的関係にもとづく他律的職位であった」とし、したがって群臣会議に関しても、「合議に対する召集権や発議権、さらに政策決定における最終的な裁量権についても、大王の専権事項であった可能性が強い」という。(18)

この見解は、仁藤敦史氏の立場を受けつぐもののようだ。

仁藤氏においても、「大臣を含む大夫層の諸権限」は「王権内における自己の貢納・奉仕関係に規定」されているため、その「合議制」においても、「召集・諮問する主体および大臣・大夫らによる合議の最終決定権はあくまで大王にあり、群臣による合議は大王による意思決定を拘束するものではなかった」という。(19)

佐藤・仁藤両氏の見解は、群臣会議を王権の下部機構とするものであり、大王は群臣会議を必要に応じて利用はするが、それに拘束されず、したがってすでに冠位十二階制定以前において、群臣の「臣僚化」は実現していたとするものである。

たしかに、各豪族・群臣は、冠位制以前においても、大王に奉仕・服従する関係に入っていたが、その関係の性格が問題だ。

佐藤氏によれば、各豪族・群臣は、「大王との個別的・人格的関係」にもとづいて、群臣という職位を与えられる。仁藤氏にとっても、「ヤマト王権」は「大王と王族・豪族との人格的な関係を基礎とする」。(20)

この場合の「人格的な関係」ということの意味は、簡単に言えば、各豪族・群臣がそれぞれバラバラに大王に結びつき、服従・奉仕するということだろう。各豪族・群臣は、組織として官僚化されているわけではなく、したがって、王権の下部機構のメンバーとして、王権に服従しているわけではない。

では一体なぜ、各豪族・群臣は「大王との個別的・人格的関係」にもとづいて、大和政権を構成することになるのだろうか。

これまで見てきたように、畿内有力豪族は、擬制血縁的共同体という性格をもつかぎり、他に対する排他性を帯びざるをえない。しかし、彼らが対外政策の必要上、あるいはまた地方の諸権力に対抗する上で、大和政権という支配団体を形成するためには、大王をいわば結集核として、それぞれが大王に奉仕・服従するという形で、結集せざるをえなかったから「大王との個別的・人格的関係」を結ぶことになったのであろう。したがって、群臣会議なるものも、本来、王権の下部機構というふうなものではなく、諸豪族の権力利害を調整するという性格が強かったであろうし、たとえアド・ホックに、大王が召集したり、あるいは最終決定を下したりしても、それは大王の一方的な意思貫徹というよりも、大王を通じての、有力諸豪族の権力利害の調整という面が強かったのではあるまいか。

大王と諸豪族との関係について、群臣会議以外にも、仁藤氏の提出する「ミヤケの管理」の場合を参照しておきたい。(21)

『日本書紀』宣化元年五月の条には、那津官家修造のための「ミヤケの穀《もみ》運搬命令」の記事がある。

朕《われ》、阿蘇仍君（未詳也）を遣《つかは》して、加《また》、河内国の茨田《まむた》郡の屯倉《みやけ》の穀を運ばしむ。蘇我大臣稲目宿禰《すくね》は、尾張連《むらじ》を遣して、尾張国の屯倉の穀を運ばしむべし、物部大連麁鹿火《あらかひ》は、新家連を遣して、新家屯倉の穀を運ばしむべし、阿倍臣《おみ》は、伊賀臣を遣して、伊賀国の屯倉の穀を運ばしむべし。

仁藤氏はこの命令系統を次のように復原する。

大王	阿蘇君	茨田郡の屯倉（河内）	
	蘇我稲目	尾張連	尾張国の屯倉
	物部麁鹿火	新家連	新家屯倉（伊勢）
	阿倍臣	伊賀臣	伊賀国の屯倉

この仁藤氏の復原は正確だとは言いにくい。『日本書紀』の記述では、たしかに大王（朕）がイニシアチブをとっているように表現されていはいるが、しかし文面と内容いずれにおいても、大王が阿蘇仍君に命じるように、蘇我は尾張連に命じ、物部は新家連に命じ、阿倍は伊賀臣に命じ、それぞれの地の屯倉の穀を運ばしむべし（宜……運）というもので、蘇我・物部・阿倍の三氏は大王とほぼ同格の位置についている。決して阿蘇仍君と同格なのではない。逆に言えば、大王は他の三氏、蘇我・物部・阿倍と同じように、地方豪族の阿蘇仍君のみに命じて、茨田郡屯倉の穀を運ばしめる。

すなわち、大王は大王家の家産官吏によって阿蘇仍君に命令し、茨田郡屯倉を管理するが、蘇我・物部・阿倍はそのような大王家の家産官吏ではないし、またむろん阿蘇仍君のように主家（大王家）に従属する地方豪族ではない。むしろ反対に、尾張連・新家連・伊賀臣それぞれ在地豪族の主家である。『日本書紀』（岩波書店・日本古典文学大系）頭注によれば、「旧事紀、天孫本紀に物部竺志連公は新家連の祖」とあり、また伊賀臣に関しては、「孝元紀に阿倍臣と共に大彦命を始祖とすることが見える」という。つまりこれらの在地豪族の尾張連・新家連・

伊賀臣は擬制血縁関係によってそれぞれ畿内有力豪族の蘇我・物部・阿倍と結びついていた。だからこそ大王家といえども、阿蘇君以外の三名の在地豪族に対して、直接的な命令を発することができなかったのである。

したがって以上の「ミヤケの管理」の記事によれば、大王はなお同輩中の第一者という性格をひきずっており、また、蘇我・物部・阿倍の中央豪族は今の場合には相互に対等な仕方で共同行動をとろうとしているが、しかし常にそのように権力利害が一致するとは限らず、妥協や譲歩のプロセスで不満が鬱積すれば権力状況は流動的となり、王権それ自体が不安定となる。冠位十二階の制定は、このような状況を克服して王権基軸の中央集権化を進めるステップだったのである。

さて、『日本書紀』によれば、推古朝の宮室は、推古十一年（六〇三）十月に、それまでの豊浦宮《とゆらのみや》から、「南門」「庭」「庁」（朝堂）「大門」「大殿」を備えた本格的な宮殿、小墾田宮《おはりだのみや》に移っている。それからわずか二か月後の同年十二月に冠位十二階が制定された。新しい身分原理を表示する冠位と、いわばその可視的な舞台となる宮殿とが連動して構想されていたのだった。

これまでの研究史においても、当然、小墾田宮造営と冠位十二階制定とが時期的に一致することに注意が払われてきたが、しかしその両者に貫通する政策目標として、主要には対外関係、とくに中国との正式な国交を開くための礼制の整備として考えられてきた。たとえば仁藤敦史氏は、「そもそも小墾田宮造営が推古十一年（六〇三）であることは、唐使の来倭に備えた、儀礼空間の整備が大きな目的であった」とする。が、むろん小墾田宮それ自体は「儀礼空間」にすぎないのだから、「唐使」に対応するためには、さらに、「礼的秩序に基づく中国的な位階や公服、儀礼など」の整備も必要となる。とりわけ小墾田宮造営と同時期の冠位十二階の制定が注目される。仁藤氏は次のようにいう。

特に冠位十二階は、冠の種類により個人の朝廷内での地位を示した最初の冠位制度として重要である。これにより大王を中心とする身分秩序を可視的に服飾により示すことが可能となった。(22)

冠位十二階が新しい身分秩序への原理的展開だった、という視点を失うと、このように小墾田宮造営も冠位十二階制定もいずれも外交儀礼の整備として解釈されることになる。しかし後に見るように、聖徳太子を中心とする推古政権は中国に対して対等外交を推進しようとしていたから、中国の大国意識（覇権意識）を視野に入れるならば、そもそも「唐使の来倭」が実現する保障はなかったし、楽観することもできなかった。だから冠や服飾での身分秩序整備の主眼点は「唐使の来倭」とは別のところにあったはずだ。

小墾田宮造営は、むろん「儀礼空間」の創出ではあっただろうが、しかしその主要なねらいは、冠位十二階によって序列化された群臣が、儀礼や合議などの機会に朝参し、相互の序列を確認・承認しあい、そしてその序列化の主体である王権の権威への服従を絶対化するためだったであろう。だから小墾田宮造営はなによりも、王権を基軸にする中央集権化のための政治空間の創出だった。大和盆地に分散居住する諸豪族の長たちを同時的に朝参させ、身分秩序を相互に確認させるための空間だった。

さて、冠位十二階は、仏教を基礎とする新しい身分秩序の編成をめざすものであるが、当然その制度の思想を冠位を受ける側の豪族たちに国是《こくぜ》として公的に提示する必要があった。『日本書紀』によれば冠位十二階は推古十二年（六〇四）正月に実施されたが、その年の四月、聖徳太子が憲法十七条を制定したことになっている。だから憲法十七条は、冠位十二階の背景にある思想を畿内の有力豪族層に公的に提示したもの、として考えることができる。こうした観点から憲法十七条を読んでみたい。

三　憲法十七条

冠位十二階は『隋書』倭国伝に記載がある。しかし憲法十七条への言及はない。このことが、憲法十七条は聖徳太子の作ではないとする津田左右吉以来の説の根拠とされることもある。(23)けれども、憲法十七条が冠位十二階という制度の思想表現であるとすれば、この二つを別々の制度とみなす必要はなく、倭国伝に言及がなくともいぶかしがる必要はなさそうだ。ただし、憲法十七条全体を最初からすべて聖徳太子の作とみなすわけにもいかない。冠位十二階が制定された歴史背景から、各条の内容を検討し、後の時代に創作され挿入された可能性をもつ条のあることも想定すべきだろう。

各条の多くは、最初に命令形ないし簡潔な断言文でその条の趣旨を明示し、その後に説明を加えるという形をとっている。この説明文は条文によっては後の時代の付加の可能性もあるが、いずれにしてもすべて掲載すると長く煩雑になるので、説明文は必要の場合にかぎって引用することにしたい。引用は日本古典文学大系『日本書紀』(岩波書店)の読み下し文にもとづいているが、わかりやすくするために部分的に変えたところも多い。さっそく第一条冒頭を読んでみる。

一に曰く、和をもって貴しとし、忤《さから》ふこと無きを宗《むね》とせよ。人みな党あり。また達《さと》る者少し。……

『論語』のなかに、「礼の用、和を貴しとし」という句があるので、第一条の「和」という理念を儒教的な性格のものとし、いわば上下関係をふくむ政治的な平和秩序と解釈する立場がある。これに対して憲法十七条を仏教思想とする立場からは、「和」を「僧宝の根本原理」とみなしたり、仏教の経典のなかに現れる「和敬」や「和合」の理念と等しいとする解釈がある。(24) この場合には、「和」は仏教教団の内部の倫理から生まれてきたものとされるだろうし、憲法は教団をモデルとして新しい国家秩序を構想していると考えられることになる。

けれども、憲法十七条のバックボーンが仏教だとしても、そこに現れる理念や概念をただちに仏教的なものとみなすわけにはいかない。冠位十二階との関連で考える場合は特にそうである。以前の推論が正しければ、冠位十二階という制度は、法華経をもとにしており、畿内豪族層を仏教へと導き、その上で擬制血縁的共同体としての性格を抜け出させて官僚化への道を歩ませようとするものだった。が、冠位それぞれには儒教の実践倫理（五常）の徳目が設置されていた。つまり冠位十二階は、仏教の立場に立つことによって儒教的な理念をも実現できるという考え方をしている。憲法十七条も同様の考え方に立脚するのではないだろうか。

第一条は「和」を理念としてかかげる。「和」の実現が憲法のめざすところである。しかし現実はこの実現が妨げられている。妨げているものは「党」である。「人みな党あり。また達る者少し」。

人という概念は、動物に対する人間というだけではなく、時には人間のなかの支配者層（豪族）をさすのかもしれない。が、それはともかく、「人」が「党」に属するので、あるいは「党」を形成するので、「和」は実現しない。だから「党」は閉鎖的な、他と対立を生むような団体である。憲法が冠位十二階と密接な関連があるとすれば、ここでいう「党」は、あの群集墳を造り出したような、擬制血縁によって結ばれた豪族の小宇宙であるだろう。「人」は、族長から一般成員にいたるまで、この「党」に所属しているので、他に対して、血統を異にするという意識から対立を生み出してゆく。和を妨げる。それでは「党」の、この擬制血縁的共同性を突き破るにはどうしたらよいのか。

二に曰く、篤《あつ》く三宝を敬《うやま》え。三宝とは仏・法・僧なり。

繰り返し述べてきたように、党（豪族）に所属する者が仏教を受け容れ、いわば観念において出家することによって、擬制血縁的共同性から抜け出し、和の担い手になることができる。仏教はむろん宗教として人の心の救済をめざすものであるが、冠位十二階の思想としての憲法においては、新しい国家の秩序原理であり、国制原理である。

篤く三宝を敬え、という厳命は誰に向けられているのだろうか。むろん畿内有力豪族層であろう。彼らは、この厳命に従わねば、冠位につくことができない、という響きを聞きとったであろう。

三に曰く、詔《みことのり》を承《うけたまわ》りては必ず謹《つつし》め。

憲法十七条がもしも推古朝以後の「天皇」号の定着した時代に作られたのであれば、この第三条のようなものは現れなかっただろう。なぜならば、その時、「天皇」はすでに絶対化されているので、このようにあえて厳命する必要がないからだ。第三条は、同輩者中の第一人者という性格をひきずる「大王」が、今まさに「天皇」へと脱皮しようとする時に現れてくる。

冠位十二階は、冠位を与える者と与えられる者とをはっきり分けるのだが、第三条はその冠位制の制定に正確に対応する条である。冠位を与える者は実質的には聖徳太子と蘇我馬子であっても、形式上は、いまや「天皇」へ脱皮しようとする大王・推古であり、その「詔」はこれまで以上に、絶対的なものとして重んじられなければならない、というのだ。憲法十七条制定の時点での現実においては、「詔」はまだ後の時代のような絶対性をもってはいない。それは目標なのだ。

四に曰く、群卿百寮《ぐんけいひゃくりょう》、礼を以て本《もと》とせよ。……群臣礼あるときは位次乱れず。

礼は冠位十二階（徳・仁・礼・信・義・智）の第三位の名称であるが、冠位制は支配層における礼秩序の形成をめざしており、したがって「位次《いじ》」全体の「本」として礼が設定される。儒教倫理・五常では、礼は仁・義につづくが、冠位制制定の目標という観点から、憲法において礼は義よりも上に置かれる。

次の五条から八条までは、自立的な豪族を官僚化するという課題ではなく、すでに官僚制の存在を前提とする官僚心得のごときものなので、後の時代に創作されたものが憲法に挿入されたと思われる。念のためにあげてみる。

五に曰く、あじわいのむさぼりを絶ち欲することを捨てて、明らかに訴訟を弁《さだ》めよ。……このごろ訟を治むる者、利を得て常とし……

六に曰く、悪を懲《こ》らし善を勧むるは、古《いにしえ》の良き典《のり》なり。

七に曰く、人おのおの任あり。掌《つかさど》ること、濫《みだ》れざるべし。
八に曰く、群卿百寮、早く朝《まい》りて晏《おそ》く退《まか》でよ。

第五条は裁判を行う者が賄賂をえているという問題、第六条は儒教などの古典にもとづいて官僚が姿勢をただすことへの勧め、第七条はすでに官僚制の任務分担を前提とする倫理、第八条は官僚の忠勤命令であるが、漏刻《ろうこく》（水時計）や都城制の存在を前提にしているように思われる。詳細に立ち入ることはできないが、これら四か条は官僚制がすでに確立している後代からの挿入と思われるので、先を急ぐ。

九に曰く、信はこれ義の本《もと》なり。事毎《ことごと》に信あるべし。それ善悪成敗、かならず信にあり。群臣ともに信あらば、何事か成らざらむ。

もし先ほどの推測が正しくて、第五条から第八条までが後の時代の挿入であるとすると、この、信をテーマとする第九条は、礼をテーマとする第四条に直接つづくことになる。とすると、冠位十二階の序列が、儒教倫理・五常の仁・義・礼・智・信の順をかえて、徳・仁・礼・信・義・智となっているので、第四条および九条は、礼・信・義の序列に対応することになる。というのは、礼（四条）のあとに信（九条）が来るが、「信はこれ義の本」なので、信は義よりも上位を占めるからである。
しかし、そうであるとすると、儒教倫理・五常において最下位の信が、冠位十二階および憲法において、なぜ義と智を飛びこして重要視されたのか、という問題が現れてくるだろう。いったい信とは何だったのであろうか。

冠位十二階の信と憲法九条の信とが共通する理念であるならば、それはたとえば仏教の、信仰というニュアンスを帯びた理念ではなく、そうではなくて、儒教の、朋友の間や官僚仲間相互の信《まこと》、信頼関係のことであるだろう。(25)

これまで大和政権を構成する豪族たちは、それぞれ擬制血縁的共同体として「党」を形成し、相互に排他性の壁をもっていたが、今、「三宝」に帰依することによってこの壁を意識の面で破って、君の下で相互の信頼関係を築くことが要請されている。この相互の連帯性がなければ、とりわけ、地方に対する中央政権としての大和政権の内実はもろく、中央集権化を突き進めてゆくことができない。冠位十二階は、上下の序列ではあるが、同じ冠位内の相互関係だけではなく、いわば冠位メンバー全体の間に「信《まこと》」があり信頼関係があるのでなければならないというのだろう。その意味で信が重要視されたのである。

先に進もう。

信につづく十条から十三条までは後の時代の創作・挿入ではないかと思われる。概観してみる。

十に曰く、こころのいかりを絶ち、おもてのいかりを棄てて、人の違《たが》ふことを怒らざれ。人みな心あり。心おのおの執れることあり。彼、是とすれば、我、非とする。我必ずしも聖に非ず。彼必ずしも愚に非ず。共にこれ凡夫のみ。……我ひとり得たりと雖も、衆に従ひて同じく挙《おこな》へ。(26)

十一に曰く、功・過を明に察《み》て、賞罰かならず当てよ。日者《このごろ》、賞は功においてせず、罰は罪においてせず。

……

十二に曰く、国司・国造、百姓に斂《おさ》めとることなかれ。……

十三に曰く、もろもろの官に任ぜられる者、同じく職掌を知れ。或いは病し或いは使として、事をおこたることあり。しかれども知ることを得る日には、和《あまな》ふことむかしより識《し》れるごとくせよ。

第十条は、第九条の信のテーマに対して、この信を実現するための心構えや考え方をさし示した後の時代の教えだったように思われる。その際、第一条の「人みな党あり」を「人みな心あり」に変え、中国の僧・曇遷《どんせん》の『亡是非論』を援用して心のとらわれからの脱却の道を語っているので、第十条は仏教の理解がかなり進んだ時代の創作だろう。(27)

第十一条は、第五条と同様、後の時代の、官僚の歪みに対する糾弾である。第十二条には、国司が現れる。津田左右吉が指摘したように、推古朝の時代には国司という官司は成立していない。第十三条は、すでに官僚制の存在を前提とする勤務心得である。

第十条から第十三条までを後代の挿入として削除してみる。すると、第九条の信につづくのは第十四条である。

十四に曰く、群臣百寮、嫉妬あることなかれ。我すでに人嫉《うらや》むときは、人また我を嫉む。嫉み妬《ねた》む患《うれ》え、その極を知らず。このゆえに、智おのれに勝《まさ》るときは悦ばず。……

冠位十二階は、冠や服装によって上下関係を公の場で明示する制度である。たとえば小野妹子のような「弱小な豪族」出身者が、旧来からの名門豪族の族長の冠位を越えたならば、どうなるであろうか。そうでなくとも冠位制は、嫉妬を生み出すから、第十四条の規定には必然性がある。ということは、後代の挿入を削除した本来の憲法は、冠位十二階という制度の思想だったということでもある。そのことをさらに示すのは、第九条の信の規定につづいて、この第十四条に智が現れてくるという事実だ。冠位十二階は、徳・仁・礼・信・義・智の序列だが、「信はこれ義の本なり」という第九条につづいて、第十四条にこの智が序列どおりに現れ、しかもなぜ五常の序列とはちがって冠位十二階において智が最下位に置かれたのかを説明してさえいる。つまり、智という能力は他の諸徳とはちがって、他者がこの能力に優れているとき嫉妬をひき起こし、冠位制秩序をゆるがすことになりかねない。だから、智という能力は必要ではあり、すばらしき実践理念ではあるが、序列としては最下位に置かれたのである。以上が第十四条の智の意味である。最下位の智までできたので、残り三条はおそらく後の時代の追加である。

十五に曰く、私を背《そむ》きて公に向《ゆ》くは、これ臣の道なり。すべて人、私あるときは必ず恨みあり。憾《うら》みあるときは必ず同《ととのほ》らず。……ゆえに初めの章に云う、上下和諧せよ、と。それまたこの情《こころ》か。
十六に曰く、民を使うに時をもってするは、古の良き典なり。……
十七に曰く、それ事はひとり断《さだ》むべからず。必ず衆とともに論《あげつら》ふべし。少事はこれ軽し。必ずしも衆とすべからず。……

第十五条は、初めの第一条を見つめながら、「人みな党あり」の「党」を、「私」という自我意識に置きかえ深めて、第十四条の嫉妬という病理の現れ出る根源を説明しているように見える。第十六条は、第六条と同じく古典にもとづく官僚の心構え、第十七条は、第一条「上和《やわら》ぎ下睦《むつ》び、事を論ふに諧《かな》ふときは、事理自ずからに通ふ」

の、「論ふ」というテーマに関して少事の場合にはその必要がないという補注であろう。詳細は省くが、これら三か条はいずれも後の時代の付加であると思う。

四　補論　崇仏・廃仏論争

本章において、大和政権を構成する有力豪族（氏《うじ》）が、擬制血縁原理によってそれぞれ半自立的な同族集団を形成し、その一つの具体的な現れが六世紀後半に盛行する新型群集墳だったこと、しかしこの群集墳が聖徳太子時代に急速に衰退に向かい、その原因として仏教を思想基盤とする冠位十二階の制定および憲法十七条の発布にあったことなどを考えてきた。

もしもこのように考えることができるとすれば、倭国における仏教の伝来・導入がもった歴史的な意義に関しても、これまでとは違う視点を立てることができるだろう。

『日本書紀』欽明《きんめい》十三年（五五二）十月の条は、百済の聖明王が、釈迦仏金銅像・幡蓋《ばんがい》若干《じゃっかん》・経論若干を使者に託して、公的に仏法を倭国に伝えたことを記している（仏法公伝）。

この記事に関して、最近の研究動向にはそれぞれ二つの検討すべき論点がある。

一つは、なぜ百済の聖明王が仏法を倭国に伝えたのかという、仏法公伝の理由に関してである。田村圓澄氏によれば、この聖明王の行為は、百済が新羅および高句麗との深刻な対立状況の中で、倭国から軍事援助を得たことへの「ヤマト王権に対する謝礼」だったという。(28) 仏教を伝えることがなぜ「謝礼」になるかといえば、蘇我氏を中心とする崇仏派にとって、仏教受容は「大陸文化の優越性を承認し、その大陸文化の積

極的な摂取に日本の将来を託す」という姿勢を取っていたからだという。(29)

このような、仏教の受容を先進的大陸文化の受容として一般化する見方は、時には極端な形をとって提出される。たとえば石井公成氏によれば、当時の仏教は「最新の文化」であり、「建築・医学・音楽その他の面を含む最新の技術体系」だったから、百済から倭国への仏教公伝は、いまでいえば「特定の国に対して原子力発電所建設のための技術を提供するようなものであり」、したがって、「技術供与としての仏教公伝」だという。(30)武光誠氏も、「当時の日本人が受けいれた仏教を、一定の教義をもつ宗教としてとらえるべきでない」とし、「朝廷の豪族層は、僧侶に仏教の理論を学ぶのではなく、漢文や有益な技術を、知識を教わった」という。(31)

しかし、仏教に付随する寺院建築や金銅仏鋳造などが、当時の先進技術の結晶であったとはいえるけれども、その先進技術を導入するために仏教を受容しようとした、という推論は本末が転倒しているだろう。欽明朝以前から、大陸の先進的な生産技術や文化は倭国に移入されてきたし、仏教という媒介なくしては先進技術・文化の導入が不可能だったというわけではない。したがって以上のような見方は、仏教公伝の意味、すなわちなぜ百済聖王が公的に仏教を伝えたのか、とりわけ仏教を求める倭国の側の政治勢力の存在とその意向などを理解できなかった結果にほかならない。

もう一つ、仏教公伝に関して研究史上特に注目すべき点は、かつての津田左右吉以来の史料批判の観点を受けつぎ、欽明朝から推古朝に至るまでの、蘇我氏・物部氏の二代にわたる崇仏・廃仏論争の存在そのものを否定する傾向である。たとえば吉田一彦氏は、『日本書紀』の仏教伝来記事が『金光明最勝王経』などの仏典を利用した作文であるとする井上薫氏らの所説をさらに深めて、次のように結論している。

本章の考察によるなら、五五二年に仏教が伝来したこと、仏法興隆派と廃仏派との対立がおこり、廃仏が行なわれたこと、その後、再度の廃仏が断行されたこと、仏法興隆派と廃仏派との戦いが行なわれ、若き聖徳太子が参戦して、廃仏派が滅ぼされたこと、そして三宝興隆の詔が発布されて仏法が興隆したことなどは、すべて虚構の創作史話であって、歴史的事実を伝えるものとは言えない。(32)

『日本書紀』の記述が虚構であるとする吉田氏たちの結論は、諸仏典の引照・比較などの実証的な研究の裏打ちの上に提出されており、現在では通説になっている。

しかし、この同じ立場に立ちつつも、重要な点で意見が分かれている。すなわちそれは、『日本書紀』の記述が虚構であるとしても、仏教の欽明朝伝来と崇仏・廃仏論争そのものは歴史的事実ではなかったか、という点。吉田氏はそのような事実を伝える原資料の存在を否定する。(33) が、『日本書紀』の記述が「何らかの原資料をもとに、仏典の表記で潤色したと見なすのが妥当」とする見解もある。(34)

原資料があったか、なかったか、という問題の立て方では、もちろん答えは出せない。しかし、ある時点で、仏教が伝来したことだけは事実である。それはいつだったのだろうか。崇仏論争の存在を否定する吉田一彦氏も、このことに関して、「現時点ではなお不明の部分があって、仏教伝来年は未詳とするのが穏当であろうが、それが六世紀中頃のことであったのはまちがいない」と述べている。(35)

しかしもしそうだとすると、六世紀中頃の仏教伝来から倭国最初の伽藍である飛鳥寺建立開始まで、三〇年ないし四〇年の歳月が流れている。この空白の年月をどのように理解したらよいのだろうか。

この点に関して、朝鮮三国の場合、高句麗、百済、新羅いずれの場合においても、王権を基軸にした中央集権体制を構築するために、仏教の導入が伝統的な貴族・豪族の反対を押しきって断行されたことが念頭に置かれるべきだろう。ただ、その実際のプロセスの詳細に立ち入ることができないので、『三国史記』新羅本紀が新羅の仏教導入について伝える一つのエピソードのみを紹介しておこう。

――新羅法興王は仏教を興隆しようとしたが、群臣たちは賛成せず、拒絶した。その時、一人の王の近臣が、群臣たちの立場を否定し、崇仏の立場をとった。が、王は群臣たちの言葉が「堅固で破ることができない」と言って、彼を刑吏に委ねた（当時仏教は非合法だった）。彼は斬られたが、そこから白色の血が湧き出た。その時から人は仏教をそしることをやめた。(36)

倭国においても、これまで見てきたように、群集墳を築いてきた半自立的な有力豪族層のミクロコスモスを打ち破り、冠位十二階によって、彼らを天皇の官僚へと転換させるために仏教が導入された、という一面があった。だから、仏教伝来からの三、四〇年間の空白期間は、仏教推進派に対して、これを阻止しようとする廃仏派の存在、その勢力の強さの結果として考えざるをえない。『日本書紀』の描写のままではないけれども、崇仏派と廃仏派との政治的対立はあったはずであり、本来、崇仏派の中心は大王家であったが、両派の勢力が拮抗しているような状況においては、大王家は第三者的・傍観者的な態度をとらざるをえず、したがって崇仏派として蘇我氏が前景に現れざるをえなかった、というのが実情だったのではあるまいか。もしそうであれば、蘇我氏と対立する物部氏が廃仏派の中心に立っていたにちがいない。

しかし、崇仏・廃仏論争の存在に関して、『日本書紀』に批判的な研究者たちとは別に、物部氏の研究者たちの間にも否定的な意見がある。彼らによれば物部氏は廃仏派ではなかったというのである。その一つの大きな根拠として、物部氏は新しい仏教文化を否定する保守的な氏族ではなかったということが言われている。

安井良三氏によれば、「物部氏は古くから朝鮮派遣氏族として活躍していた」のであって、「五世紀末から六世紀初頭の朝鮮における仏教の現状について把握していた」はずであり、それゆえ、むしろ物部氏の崇仏の立場さえも推測できるという。「物部氏と日鮮関係を見ると……物部氏が仏教についての理解がなかったとはいえないのであって、いわゆる、朝鮮から伝来された仏教については、かなりくわしく理解（あるいは崇仏）していたとみることができるのである」。したがって、物部氏の河内における本拠地で発見された渋川廃寺跡についても、「物部氏は仏教の理解者（あるいは崇仏者）であるという立場から、渋川廃寺跡の建立者を飛鳥時代の物部氏（守屋その人かも知れない）と考えることにしたい」という。(37)

最近では、篠川賢氏が、「継体・欽明朝に物部氏が百済外交に活躍したこと、また物部氏の本拠地がのちの渋川郡を中心とした地域にあったとするならば、その地域は渡来系のウヂの多く居住する地域であり、渡来系のウヂとの交流も深かったと推定されることなどからすれば、物部氏を保守的勢力とみること自体に疑問が持たれる」と述べ、「保守派の物部氏」と「開明派の蘇我氏」との対抗としての「崇仏論争」の存在を否定している。「『崇仏論争』記事は、『日本書紀』編纂段階における作文であり、物部氏が保守的性格を持っていたとも考えられない」。(38)

こうして、『日本書紀』研究と物部氏研究とは手を結び、同じ結論に行き着くことになる。泉谷康夫氏のまとめでは、「蘇我氏が仏教受容政策を推進し、物部氏等が旧来の神祇信仰に固執し、両者の宗教政策の対立から物部氏が滅ぼされるに至ったというような考えは、現在では否定されつつある」。(39)物部氏研究からのこうした崇仏論争を否定する解釈に対して、どのように考えるべきだろうか。

まず基本的な事実を確認しておこう。

『隋書』倭国伝に次の記事がある。

「文字なし、ただ木を刻み縄を結ぶのみ。仏法を敬す。百済において仏経を求得し、始めて文字あり」。(40)

山尾幸久氏によれば、六世紀半ば、百済から来た渡来人によって、漢訳仏典の方式、つまり和語の固有名詞を漢語の字音で表記する方式（音写）によって、大和政権における文書行政が進められていった。右の倭国伝は、このような事情にマッチしており、ほぼ事実に即した記録だろうという。(41)

そうだとすると、仏教の伝来は六世紀半ば百済からのものであり、仏典が文書行政成立史上大きな役割をはたしたことからうかがえるように、仏教伝来は大和政権の積極的なかかわりのなかで実現した。そして倭国伝の記事を信頼するならば、「仏経」は百済の聖明王が一方的・自発的に献上したのではなくて、むしろ大和政権が百済に「求めた」結果だったということになる。(42)

実際、百済の王が、求めもされないのに「仏経」を倭国に献上する、ということは考えられない。したがって、大和政権のなかに積極的に仏教を倭国に導入しようとする勢力があった。これまでの推測が正しければ、その勢力の中心は大王家だった。が、仏教導入に反対する勢力（廃仏派）も強かったので、大王家は背景に退き、蘇我氏が前景に現れてきた。

おそらくその廃仏派は、物部氏を中心とする多くの有力豪族層だったと思われる。

たしかに物部氏はかつて朝鮮派遣氏族であったし、物部氏出自で百済朝廷に仕える人たちもいた。また後に触れることになるが、物部氏は畿内の三大鍛冶工房のうち二つを掌握するほど先進的な生産技術の担い手でもあった。そういう意味では、たしかに、物部氏は保守的ではなかったし、また百済における仏教もよく知っていた。

しかし、パラドキシカルに響くかもしれないが、だからこそ物部氏は廃仏派になったのである。

すなわち、仏教が物部氏のような擬制的な血縁関係で結ばれた氏《うじ》の共同性を破壊し、半自立的なミクロコスモスとしての氏族意識を解体させるという危機認識をもっていたので、物部氏は仏教の導入に反対した。そういう意味で、つまり物部氏研究者とは反対の意味で、物部氏は仏教をよく「理解」していたのである。

なお、渋川廃寺に関しては、すでに紹介した武蔵国造・物部連兄麻呂《えまろ》の建立した寺谷廃寺が参考になるかもしれない。物部守屋が敗死したからといって、物部氏全体が滅亡したわけではなく、それ以後も各地の物部は存続し、その「部」を統率する職としての「物部連」も存続し、その職にはかつてと同じように物部氏の人物が就任したと考えられている。(43) このような「物部連」が、守屋没後、崇仏派に移行して、渋川廃寺を建立したのではあるまいか。むろんこの問題は仏教考古学による渋川廃寺建立年代の確定を待つほかない。

冠位十二階の制定から憲法十七条の施行、それに随伴する群集墳の衰退という出来事などは、欽明朝に仏教が伝来して以後、廃仏派に対するながい闘争の末、ようやく実現したものだった、ということができるだろう。

（1） 和田晴吾「群集墳と終末期古墳」、坪井・平野編『新版　古代の日本　第五巻　近畿Ⅰ』角川書店、一九九二年
（2） 土生田純之「最後の前方後円墳」、吉村武彦編『古代を考える　継体・欽明朝と仏教伝来』吉川弘文館、一九九九年
（3） 安村俊史「群集墳の終焉」、白石太一郎編『古代を考える　終末期古墳と古代国家』吉川弘文館、二〇〇五年
（4） 前園実知雄「古墳はなぜ造られなくなったか」、白石・吉村編『争点　日本の歴史　第二巻　古代編1　古墳〜飛鳥時代』新人物

往来社、一九九〇年
(5) 白石太一郎「畿内の後期大型群集墳に関する一試考」、『古代学研究　四二・四三合併号』一九六六年
同「大型古墳と群集墳」、『考古學論攷（二）』一九七三年
同「畿内における古墳の終末」、『国立歴史民族博物館研究報告　一』一九八二年
(6) 土生田純之『古墳』吉川弘文館、二〇一一年、八-三一頁
(7) 安村俊史『群集墳と終末期古墳の研究』清文堂、二〇〇八年
(8) 広瀬和雄『古墳時代政治構造の研究』塙書房、二〇〇七年、二九五-二九九頁
(9) 坂本太郎『聖徳太子』吉川弘文館、一九七九年、七四、八〇-八一頁
(10) 井上光貞『日本古代仏教の展開』吉川弘文館、一九七五年、九四頁
(11) 吉村武彦『聖徳太子』岩波新書、二〇〇二年、五七-五九頁、
森田悌『推古朝と聖徳太子』岩田書院、二〇〇五年、一一九-一二四頁
(12) 武光誠「冠位十二階の再検討」、『日本歴史（三四六）』吉川弘文館、一九七七年
虎尾達哉「冠位十二階と大化以降の諸冠位」、『鹿大史学 第四〇号』一九九三年
(13) 増田美子「冠位制の変遷と位冠の性格について」、『日本歴史（四九一）』吉川弘文館、一九八九年
(14) 大橋信弥『日本古代の王権と氏族』吉川弘文館、一九九六年、第四章二「小野臣」
(15) 時野谷滋『飛鳥奈良時代の基礎的研究』国書刊行会、一九九〇年
(16) 仏書刊行会編纂『大日本仏教全書　第一一二冊』一九七九年
(17)『法華経 上』岩波文庫、一九六二年
(18) 佐藤長門『日本古代王権の構造と展開』吉川弘文館、二〇〇九年、四〇-四一、六九、七九頁
(19) 仁藤敦史『古代王権と支配構造』吉川弘文館、二〇一二年、八頁
(20) 仁藤敦史『都はなぜ移るのか』吉川弘文館、二〇一一年、二三頁
(21) 仁藤『古代王権と支配構造』六-七頁

(22) 仁藤『都はなぜ移るのか』五九－六一頁
(23) 前田晴人『飛鳥時代の政治と王権』清文堂出版、二〇〇五年、一六頁
(24) 村岡典嗣『日本思想史上の諸問題』創文社、一九五七年、六三頁、
中村元『聖徳太子　地球志向的視点から』東京書籍、一九九〇年、一二八－一二九頁
(25) 磯部隆『孔子と古代オリエント』大学教育出版、二〇〇三年、一章三
(26) 森博達「『十七条憲法』の倭習」、森浩一編『考古学と技術』同志社大学考古学シリーズ刊行会、一九八八年
(27) 磯部隆『華厳宗沙門　明恵の生涯』大学教育出版、二〇〇六年、三六頁以下
(28) 田村圓澄『東アジアのなかの日本古代史』吉川弘文館、二〇〇六年、五五頁
(29) 田村圓澄『聖徳太子』中公新書、一九六四年、四七頁
(30) 石井公成「仏教受容期の国家と仏教」、高崎、木村編『東アジア社会と仏教文化』春秋社、一九九六年、六八頁以下
(31) 武光誠『謎の加耶諸国と聖徳太子』ネスコ、一九九五年、一五七頁
(32) 吉田一彦『仏教伝来の研究』吉川弘文館、二〇一二年、一一六頁
(33) 同、四〇－四一頁
(34) 本郷真紹「仏教伝来」、吉村武彦編『古代を考える　継体・欽明朝と仏教伝来』吉川弘文館、一九九九年
(35) 吉田一彦『古代仏教をよみなおす』吉川弘文館、二〇〇六年、一〇頁
(36) 林英樹訳『三国史記　上』三一書房、一九七四年
(37) 安井良三「物部氏と仏教」、『日本書紀研究　第三冊』塙書房、一九七〇年
(38) 篠川賢『物部氏の研究』雄山閣、二〇〇九年、二〇四、二四五頁
(39) 泉谷康夫「物部氏と宗教」、『日本書紀研究　第一六冊』塙書房、一九八七年
(40) 和田・石原共編訳『魏志倭人伝・後漢書倭伝・宋書倭国伝・隋書倭国伝』岩波文庫、一九五一年、七〇頁
(41) 山尾幸久「日本への仏教伝来の学説をめぐって」、『立命館文學　五一一』一九八九年
(42) 山尾、同論文
(43) 篠川、同書、二〇四頁

四章

東アジアにおける平和構築の試み

一　新羅問題

聖徳太子の行動の軌跡を、これまで、古墳文化および旧来の国政の変革という観点から見てきたが、推古朝における国内改革は当然に対外関係と連動するものだった。

古墳時代の大和政権は、朝鮮半島の先進技術、技術者、貴重品、威信財などを掌握し、列島各地の首長や首長連合に配分するセンターとして機能し、権力的地位を築いてきたが、これらのなかで最も重要なものは鉄関連資源・技術だっただろう。

倭国にもたらされる鉄資源の主要部分は、朝鮮半島南部の伽耶《かや》地域いわゆる任那《みまな》との交流によるものだった。しかし六世紀半ば、百済と新羅が伽耶地域諸国の領有をめざして争い、結局、新羅が伽耶全域を支配するにいたった。それ以来、鉄資源の安定した確保を求める大和政権は新羅に対し、深刻な緊張関係のなかに入ることになった。聖徳太子時代、冠位十二階の施行・憲法十七条の制定・施行の年にいたるまでの、新羅関連記事を『日本書紀』から抜き出してみる。

崇峻四年（五九一、太子一八歳）八月、大和朝廷、任那復興を策定、十月、二万の軍を筑紫《つくし》（北九州）に駐留させて新羅に遣使（威嚇外交）

同　五　年（五九二、太子一九歳）蘇我馬子、崇峻大王を殺し、筑紫駐留の将軍に、「内の乱によりて外の事をな怠りそ」と命じる。十二月、推古即位

推古三年（五九五、太子二二歳）七月、筑紫駐留軍の帰還
同五年（五九七、太子二四歳）十二月、新羅に遣使（平和外交）
同六年（五九八、太子二五歳）四月、使者帰国、八月、新羅は孔雀一羽を贈る
同八年（六〇〇、太子二七歳）新羅と任那（伽耶地域の旧残存勢力）との争い、「天皇、任那を救はむと欲す」、新羅征討軍派遣
同十年（六〇二、太子二九歳）太子の同母弟・来目皇子《くめのみこ》を「新羅を討つ将軍」とし、兵二万五〇〇〇を筑紫に派遣、渡海準備を行う
同十一年（六〇三、太子三〇歳）二月、来目皇子、病死。四月、「来目皇子の兄、当麻皇子《たいまのみこ》を新羅を討つ将軍とす」。七月三日、「当麻皇子、難波より発船す」。七月六日、「当麻皇子、播磨に到る。時に、従ふ妻舎人姫大王《とねりのひめおおきみ》、赤石に薨《こう》せぬ。よりて赤石の檜笠岡《ひかさのおか》の上に葬る。すなはち当麻皇子返りぬ。つひに征討《う》つことをせず」。十二月、冠位十二階制定
同十二年（六〇四、太子三一歳）正月、冠位十二階施行、四月、太子「憲法十七条を作りたまふ」

冠位十二階の制定は、対新羅関係の緊迫した状況を背景にして、王権を中軸とする畿内諸豪族の一体化の追求だったように見える。また、これまで見てきた大和政権による前方後円墳体制への挑戦も、こうした対外的な危機意識を背景に置くものだったであろう。しかし、そうした一般的なこととは別に、年譜をみていて、対新羅関係の展開に分かりにくいところがある。

第一に、崇峻四年（五九一）から五年、新羅に対する大規模な軍団が筑紫に駐留するが、三年後の推古三年

（五九五）、軍団は撤収し、平和外交に転換した。この転換はなぜ、どのように生じたのか。
　第二に、平和外交に路線を転換したはずなのに、推古八年（六〇〇）、再び戦争政策にもどり、新羅に出兵する。朝鮮側の資料である『三国遺事』にも関連記事があり、規模は分からないが出兵は事実だったらしい。そして、この戦争政策の延長線上に、推古十年（六〇二）、聖徳太子の実弟を将軍とする二万五〇〇〇の軍団が筑紫に派遣された。が、彼は病死してしまう。再度、聖徳太子のもうひとりの弟が将軍に任命され九州に向かうが、途中、その妻が死んだという口実にもならない口実によって新羅征討政策を放棄してしまう。

　この軍事的な強硬路線とその放棄の、いわば非論理的な、ジグザグとした歩みはなぜ生じてきたのだろうか。

　この問題に関して、金鉉球氏は興味深い事実を指摘している。すなわち、推古三年（五九五）、大規模な筑紫駐留軍の撤収が始まるが、その二か月前の五月、高句麗僧・慧慈《えじ》と百済僧・慧聡《えそう》が来日しており、彼らの来日と軍の撤収とは無関係ではないという。それというのも同じことがもう一度繰り返されるからで、推古十年、来目《くめの》皇子《みこ》の軍団が筑紫に派遣されたが、同年十月百済僧・観勒《かんろく》および高句麗僧・僧隆ならびに雲聡《うんそう》が渡来すると、翌年、新たに当麻皇子《たいまのみこ》を征新羅将軍に任命したものの新羅征討計画は放棄される。

　金鉉球氏によれば、来日皇子の軍団派遣は、当時、百済が高句麗と交戦状態に入り、それに乗じて新羅が百済に侵攻する危険が強まったので倭国に支援を要請、その要請に親百済派の蘇我馬子が応じたからである。それに対して、高句麗僧ならびに百済僧の来日と軍団の撤収とは、仏教をベースとして朝鮮三国全体との平和路線をとる聖徳太子のイニシアチブによるものだという。(1)

　これまで研究者たちによって、

　「同母弟を将軍に選んだ厩戸皇子の胸に新羅攻撃の構想があったことは明らかであろう」（水谷千秋氏）(2)

とか、同じように、

「来日は聖徳太子の弟にあたり、この戦争の立案に聖徳が関わったことを窺わせる」（吉川真司氏）(3)

とか、また、

「推古朝において、厩戸王子は対新羅戦争に積極的に関与していた」（吉村武彦氏）(4)

などと、繰り返し語られてきただけに、こうした金鉉球氏による視点は特に注目しておく必要があるだろう。

聖徳太子の実弟が征新羅将軍に任じられたのは、表面上、太子が馬子に従ったことを示してはいる。しかしその背後では、仏教を基軸とする平和主義的な外交を模索していた可能性がある。特に高句麗僧・慧慈は太子の師となっているのだから、高句麗・百済間の軍事的緊迫状況のなかで太子が百済一辺倒の立場に立ったとは思えない。

聖徳太子は、一時的に、蘇我馬子との妥協を余儀なくされたのだろうが、しかしそうした妥協は彼における東アジア全体の平和構想の存在を否定することにはならない。むしろある時期から馬子の方が太子に譲歩していったようにも見える。これからそのことを見ていきたいと思うが、聖徳太子の平和構想をもっとも明確に示すと思われる遣隋使派遣の問題をまず取りあげることにしよう。

隋は五八一年に建国、五八九年（崇峻二年）、南の帝国陳を滅ぼして三〇〇年にわたる南北朝分裂時代に終止符をうった。五九八年（推古六年）、隋の初代皇帝文帝は、高句麗による遼西侵攻を直接の理由として高句麗に対して三〇万の遠征軍を派遣したが、敗北して撤退した。その時から、両国の軍事的な緊張はつづいている。それればかりではなく、新羅が隋に朝貢して冊封《さくほう》関係（形式上、隋の外臣となること）に入ったことが示すように、朝鮮三国の対立的な状況に対して隋はいわば構造的にかかわるようになっていった。当然のことではあるが、隋帝国の存在をぬきにしては、東アジアにおける戦争も平和も考えることはできない。

遣隋使派遣は推古朝政権による決定である。蘇我馬子からすれば、隋・倭国・百済の三角同盟が派遣目的であっただろうが、聖徳太子はそれを内にふくみはするが、さらに大きな規模の構想を抱いていたように思える。太子が高句麗僧・慧慈をみずからの師としていたことの象徴的な意味は、彼の対隋対策を考える際にも決して忘れてはならない視点である。

二　遣隋使

推古十年（六〇二）、百済僧・観勒および高句麗僧・僧隆ならびに雲聡が倭国に来る。翌年、推古十一年（六〇三）、新羅征討計画は放棄された。それから四年後、推古十五年（隋の大業三、六〇七）、遣隋使・小野妹子が学僧たちとともに隋に派遣された。『隋書』倭国伝には次のよく知られた記事がある。

> 大業三年、その王多利思比孤《たりしひこ》、使を遣わし朝貢す。使者いわく、「聞く、海西の菩薩天子《ぼさつてんし》、重ねて仏法を興すと。故に遣わして朝拝せしめ、兼ねて沙門数十人来って仏法を学ぶ」と。その国書にいわく、「日出ずる処の天子、書を日没する処の天子に致す、恙《つつが》なきや、云々」と。帝、之《これ》を覧《み》て悦ばず、鴻臚卿《こうろけい》にいっていわく「蛮夷《ばんい》の書、無礼なる者有り、復た以て聞《ぶん》するなかれ」と。
>
> 明年、上《かみ》、文林郎裴清《はいせい》を遣わして倭国に使せしむ。(5)

多利思比孤は男性名なので聖徳太子をさすだろう。

『隋書』は遣隋使を「朝貢」使として受けとめている。が、周知のように、国書の形式は、「日出ずる処の天子」から「日没する処の天子」へという対等な立場に立っている。「恙《つつが》なきや」という表現も、対等な立場を前提とする外交文言だといわれている。(6)

このような対等外交の展開が隋の皇帝の不興を引き起こす可能性を、おそらく聖徳太子は知っていたにちがいない。というのは、新羅や百済の王は、隋皇帝に対して少なくとも外交辞令上は臣下という形式をとっており、そのことを知らなかったはずはないからだ。それにもかかわらず、なぜ対等外交を展開しようとしたのか。

以前の通説では、遣隋使の目的が、朝鮮半島における倭国の旧権益を隋に認めさせるためだったので百済や新羅を倭国の下位に立つ朝貢国とみなし、その結果、隋に対して対等な立場を標榜《ひょうぼう》することになった、というふうに考えられてきた。しかしこのような解釈の誤りは、聖徳太子時代より一世紀前の、倭の五王による中国（南朝・宋）への従属外交を想起すれば一目瞭然だ。彼らは朝鮮半島での軍事権の行使を認めてもらうために中国に接近し、冊封《さくほう》関係（対中国従属関係）に入ろうとした。つまり、強力な中国天子にもたれかかって朝鮮半島の権益を確保しようとした。

最近の研究は、遣隋使派遣が対等外交の展開であったこと自体を否定する傾向にある。

こうした傾向は、「日出ずる処の天子、書を日没する処の天子に致す」という国書の文言が、仏典『大智度論』の、「日出ずる処は是れ東方、日没する処は是れ西方」という「仏教での方位の概念」にもとづいている、とする東野治之氏の指摘から始まる。(7)　この指摘自体は対等外交を否定するわけではないが、これ以後、国書のなかの「天子」「菩薩天子」「致書」などが仏教用語であることが明らかにされて、その上で、とくに河上麻由子氏によって、南朝とりわけ梁時代の、中国皇帝や国家を称賛する朝貢国の外交文書（上表文）が仏教的な表現によって作成されていることに注意が払われ、倭国遣隋使の国書も同じ性格のもの、つまり「仏教的朝貢」文書とみなされた。遣隋使派遣は対等外交ではなく「朝貢」だったというのである。(8)

遣隋使の国書が仏教用語を用いていることは確かである。しかしそのことから倭国がみずからを隋の朝貢国とみなしていた、と言えるかどうか。

小野妹子は隋の国使・裴世清《はいせいせい》をともなって帰国し、次に裴世清が隋へ帰国する際、『日本書紀』によれば天皇は次の国書を託した。推古十六年九月の条。

東の天皇、敬《つつし》みて西の皇帝に白《もう》す。使人鴻臚寺《つかひこうろじ》の掌客《しょうかく》裴世清等至りて、久しき憶《おもひ》、方《まさ》に解けぬ。季秋、薄に冷し。尊、如何に。想ふに清愈にか。此（当方）は即ち常のごとし。今、大礼・蘇因高（小野妹子）、大礼・乎那利《おなり》等を遣して往かしむ。謹みて白《もう》す。不具。

敬白のへりくだった表現ではあるが、文面は朝貢国が宗主国に宛てたようなものではなく、むしろ対等な信頼関係を示そうとしている。(9)

しかし問題は、聖徳太子（ないし大和政権）が遣隋使派遣によって対等外交を展開しようとしていたか否かということにとどまらず、もしも対等外交を模索していたとするならば、そのねらいや意図はどこにあったのか、ということだ。加えてもう一つ問題がある。

すなわち、隋皇帝煬帝は妹子の持参した国書を見て悦ばなかったと『隋書』にはあるが、しかし翌年、文林郎・

裴世清を帰国する妹子に国使として随伴させ派遣したことだ。

池田温氏によれば、裴世清は「天下にきこえた名門」の出身であり、「煬帝即位以前から学士として仕えていた」可能性が濃く、「帝と世清の親近性は一段と強かったとみてよい」という。(10) また、氣賀澤保規氏も「文林郎は煬帝の時、皇帝に直属する秘書省で最下位の文書担当官」なので、「おそらく裴世清はその立場から煬帝の直々の命をうけて使者となったはずである」とし、その使命には「返礼あるいは冊封を越えた意図」があったかもしれないという。(11)

もし聖徳太子が隋に対し対等外交を展開しようとしていたとすれば、その意図はどこにあったのだろうか。そして隋皇帝はなぜ、裴世清を国使として倭国に派遣したのだろうか。この二つの問題を解くカギは、唐突に響くかもしれないが、裴世清たちが参詣した飛鳥大仏が握っているように思われる。

三　飛鳥大仏

一九五六年、奈良国立文化財研究所を中心として、飛鳥寺（法興寺のち元興寺と改名）の発掘調査が、二か年計画で開始された。

飛鳥寺は、百済の援助のもとで蘇我氏によって創建された倭国最初の伽藍だったので、当然に、伽藍配置は百済方式であることが予想された。百済方式（別名、四天王寺方式）というのは、中門・塔・金堂・講堂が、南から北へ一直線にならび、中門から発する回廊が方形の聖域を作って塔と金堂を囲む形である。

実際、発掘調査団は、南から北へ一直線にならぶ建物跡を発見し、飛鳥寺が「明らかに四天王寺方式（百済方式）であることが判明したので」、当然のこととして次に回廊跡の発掘にむかった。ところが「奇妙な事」が起きた。「何箇所もトレンチを掘った」が、回廊跡は発見できず、かわりに「別種の建物」跡が現れたのである。研究調査が進み、この建物が金堂であることが分かった。やがて、さらに驚くべきことには、飛鳥寺が塔を中心にして、北および東と西に三つの金堂をもつ「従来我国にはない伽藍配置」であることが判明した。この伽藍配置は、高句麗に類似のケースがあるが、百済の寺院には見られないものだった。(12)（一一九頁　図5）

いったいこれはどういうことなのだろうか。

『日本書紀』の年譜に従うと、崇峻元年（五八八）、蘇我馬子は物部氏に対する戦勝後ただちに飛鳥寺の建設を開始し、それから八年後の推古四年（五九六）、飛鳥寺は完成している。

飛鳥寺は百済の技術的な支援によって完成したので、この時点での伽藍配置は確かに百済方式だったのである。中門・塔・金堂・講堂が南から北へ一直線にならび、金堂は一つだった。ところが、その後、金堂は三つになり、伽藍の配置は高句麗の寺院に見られるようなものに変わった。(13)

すなわち、『日本書紀』推古十三年四月の条によれば、天皇の詔により、また皇太子以下諸臣の誓願により金銅および刺繍の「丈六《じょうろく》の仏像」（高さ二・四メートルの坐像）を造り始めた。またその際、高句麗王から「黄金三百両」が送られてきたとある。後《のち》にこの二つの金銅および刺繍の仏像も飛鳥寺に安置されることになり、その結果、飛鳥寺は三金堂をもつ高句麗型の伽藍配置に変貌をとげたのである。

しかし、むろん変貌をとげたのは伽藍配置だけではなかった。

飛鳥寺はこれまで蘇我氏の私寺としての性格が強く、また百済仏教と緊密に結びついていた。しかし、いまや天皇の詔と諸臣全体の発願による丈六の仏像（飛鳥大仏）を安置する国家寺院としての性格をもつにいたり、しかもその金銅仏は高句麗王からの黄金三百両をも使って鍍金されたのであった。つまり、あえていえば、飛鳥寺から、百済と緊密に結びつく蘇我氏の私的性格がはぎとられたのである。しかも、このように変貌をとげた飛鳥寺に、隋皇帝煬帝の派遣した国使・裴世清《はいせいせい》の一団が訪問する。この間の経緯を、『日本書紀』のもとになったと思われる資料、「元興寺伽藍縁起 并《ならびに》 流記資財帳《るきしざいちょう》」所載の「丈六光銘」（飛鳥大仏光背の銘文）に見てみよう。

　十三年歳次乙丑《きのとうし》（推古十三年）四月八日戊辰《つちのえたつ》、銅二万三千斤《きん》、金七百五十九両を以て、敬《つつし》みて釈迦丈六像・銅繍二軀並びに挟侍《きょうじ》を造りたてまつる。高麗大興王方《まさ》に大倭（日本）と睦《むつみ》あり。三宝を尊重して、遥かに以て隋喜し、黄金三百二十両をもって大福を助成し、同心結縁す。願はくは茲《こ》の福力を以て、登遐《とうか》の諸皇遍《ひと》へに含識《がんしき》（衆生・有情）に及び、信心有りて絶えず、面《まのあたり》に諸仏を奉《あほ》ぎ、共に菩提《ぼだい》の岸に登り、速かに正覚を成さむことを。歳次戊辰《つちのえたつ》（推古十六年）大隋国の使主・鴻臚寺の掌客裴世清、使副・尚書祠部主事遍光高等来りて之《これ》を奉る。明年己巳《つちのとみ》（推古十七年）四月八日甲辰《きのえたつ》畢《つくりを》竟へて元興寺に坐します。(14)

この銘文は一か所、研究史上解釈が分かれて意見が対立している。それは最後から二行目、「大隋国の使主……等来りて之《これ》を奉る」の「之」の解釈である。一方の解釈は、「之」を高句麗王の黄金三百二十両をさすと考える。(15) 他方の解釈は、この文を前との関係を切ったうえで「来りて奉《あほ》ぐ」とし、「隋使が飛鳥寺に来て製作中の丈六本尊を参拝したと解すべき」だという。(16)

どちらが正しいのか、確定はできないが、銘文全体の流れのなかで見るとき、前の方の解釈が自然のように見える。しかしもしそうだとすると、驚くべき出来事が浮かび上がってくることになる。すなわち、かつて隋の文帝の派遣した高句麗遠征軍は、大きな敗北をこうむり、それ以来、隋・高句麗両国の間に軍事的な緊張がつづいていたのだが、あれから一〇年経ったいま、推古十六年（六〇八）、文帝のあとを継いだ新帝煬帝は、裴世清に密命を与えて高句麗の朝廷におもむかせ、そこで高句麗王から黄金をあずかり倭国で鋳造中の大仏に奉るように命じた、ということになる。もちろんそれは、小野妹子を通じて聖徳太子の意向が煬帝に伝わったからであろう。すなわち、倭国はいま金銅大仏を鋳造中であり、高句麗王もそれに結縁し寄与する意向を示しているので、煬帝の賛意を得て、大仏造立を軸にして高句麗・隋・倭国の平和関係を構築したい、という聖徳太子の意向である。

むろんこの聖徳太子の意向と、それに応じる煬帝の裴世清《はいせいせい》派遣とは、なお一つの仮説にすぎない。これから一歩一歩、その仮説を確かめていかねばならない。

まず、飛鳥大仏の造立と遣隋使派遣とが緊密に関連していることを、時間の経過の上から考えてみよう。

飛鳥大仏の造立開始は推古十三年（六〇五）四月、小野妹子の隋派遣は推古十五年七月、その間二年三か月、この期間に大仏鋳造は進み、完成の見通しをもてたとき妹子派遣が決行されたのではないか。翌年、推古十六年四月、妹子は裴世清をともなって帰国。おそらく妹子に与えられた最大の外交課題は、隋の正式な国使を倭国に招聘することだった。その目的は、完成間近の大仏に隋皇帝代理と倭国王とが共に参詣するためだったであろう。その参詣の一年後、飛鳥大仏は完成する。先ほどの資料解釈に従えば、裴世清が高句麗王から託された黄金三二〇両が鍍金として使用され、飛鳥大仏は最終的に完成した。つまり高句麗王および隋皇帝が結縁することによって大仏は完成した。それは東アジア全体の平和を構想する聖徳太子の、予定された筋書きの実現だったであろう。

飛鳥大仏造立と隋国使招聘との緊密な関連を示すもう一つの事柄がある。

『日本書紀』によれば、裴世清たちが妹子とともに筑紫に着くのは推古十六年（六〇八）四月である。その知らせを受けて、彼らのために難波津に新館が建設された。六月五日、彼らは飾り船三〇艘による出迎えを受け、難波津の新館に宿泊する。ところが、彼らが飾り馬七五頭による出迎えを受け飛鳥へ入京するのは、八月三日である。難波津に着いてからすでに二か月経っている。この二か月間の難波津停留はあらかじめ予想される出来事だったので、大和政権は新館の建設を始めたのだろう。小野妹子を通じて朝廷が隋国使を招いたにもかかわらず、なぜ二か月の難波津停留だったのか。おそらくそれは、飛鳥大仏鋳造が鍍金に入る段階にはなお時間が必要で、そのためには隋国使が筑紫に着いてから延べ四か月、難波津に着いてからは二か月の期間を、必要としたからであろう。

これまでのプロセスを年譜にしてみる。

推古十三年（六〇五）四月　国家プロジェクトとしての大仏鋳造の開始
　十五年（六〇七）七月　遣隋使小野妹子の派遣
　十六年（六〇八）四月　妹子、隋使裴世清をともなって筑紫に到着
　　同年（　同　）六月　裴世清、難波津に到着
　　同年（　同　）八月　裴世清、飛鳥に入京　その後大仏参拝
　　同年（　同　）九月　裴世清、遣隋使小野妹子をともなって帰国
　十七年（六〇九）四月　大仏完成

遣隋使の派遣と大仏の造立とは緊密に絡み合っていたように見える。遣隋使派遣の目的は、隋の国使を招き、

いわば皇帝の代理として、大仏を参拝させることにあったし、そのタイミングに合わせて大仏の鋳造も行われたように思われる。そのねらいは、大仏の下で、倭国と隋が、高句麗をふくめて対等で平和な外交関係を築くことにあったであろう。倭国も、そして高句麗も大国隋に対して、大国だからといって従属し、いわば奴隷の平和を得ようとは思わなかった。また反対に、傲慢なるナショナリズムに駆られて対等外交を追求したわけでもない。なぜならばそれは仏の道に反するからである。

聖徳太子は仏教のいう転輪聖王《てんりんじょうおう》としての自覚をもっていたにちがいない。転輪聖王は自国だけではなく他国との関係においても、仏に仕え、仏の下で平和を築く、という課題を担う。聖徳太子が妹子に託した国書のなかで、隋皇帝煬帝を「菩薩天子」と呼び、また「日没する処の天子」と呼んだのは、煬帝もまた仏に仕える転輪聖王であることを認め、かつ東アジアにおける平和構築の道を共に歩むことを求めたからだろう。仏の法をともに転じ、広めてゆこう、と。

なるほど隋の側は遣隋使を非対等な朝貢使とみなしただろうけれども、聖徳太子は妹子に、再び対等関係を表す親書を託した。それはいわば煬帝に対する信頼と同時に、煬帝に対し、汝、仏に仕える転輪聖王であれ、と語っているようなものだ。隋の皇帝も、裴世清に密命を与え、倭国に派遣して聖徳太子の呼びかけに応じようとした。歴史を後の時代から振り返ってみると、煬帝はひたすら戦争推進政策を推し進めたように見えるけれども、実は決してそうではなく、聖徳太子に呼応する転輪聖王の意識をもっていた。この点はまた独自に考察すべき課題なので次章で扱うことにしたい。

以上のように、飛鳥大仏の鋳造と聖徳太子の対外政策とは緊密な関連をもっていたが、この対外政策は隋と高句麗のみを念頭に置いたものではなかった。大仏造立の開始は推古十三年（六〇五）だが、すでに見たようにその二年前の推古十一年（六〇三）、太子の弟・当麻皇子が征新羅将軍に任命された。しかしその年のうちに、新羅征討計画は突然に中断された。この背景には、高句麗僧と百済僧の渡来があり、蘇我氏の対新羅強硬路線（百済中心外交路線）に対抗する聖徳太子の仏教的な平和路線があったように思われる。『新訂増補　国史大系　第一二巻　扶桑略記　帝王編年記』には、

「推古天皇元年正月、蘇我大臣馬子……飛鳥の地に於いて法興寺を建つ。刹柱を立つるの日、嶋《しま》大臣（馬子）並《ならび》に百余人、皆百済の服を着け、観る者悉く悦ぶ」(17)

という記事がある。

この記事が事実かどうかは分からないが、蘇我氏創建の飛鳥寺が、百済の敵は倭国の敵とみなすような百済中心主義のシンボルだったことは確かであろう。それゆえに、大仏造立とその結果としての飛鳥寺の伽藍配置の変更で、このシンボルが転換したのでもあった。表面的には、蘇我氏の私寺が国家寺院に格上げされ、しかも大国隋との関係のセンターとしての機能もはたすのであるから、蘇我氏にとっても大仏造立、伽藍配置の変更を拒む必要がないかのように見えたかもしれない。しかし実質では、朝鮮半島に対する外交構想は大幅に転回し、外交の主導権は馬子から太子に移っていた。次にそのことを朝鮮半島の内側からかいま見てみよう。

四　新羅・皇龍寺

皇龍寺は三国時代、またそれ以後の時代も新羅最大の中心寺院だった。

一九六九年から、韓国文化財管理局と梨花女子大学校博物館との合同で、皇龍寺遺跡調査が行われた。その結

果、皇龍寺の伽藍配置は、百済の都・扶余の軍守里廃寺跡と同様のもので、中門・塔・金堂が南から北へ一直線にならぶ百済方式（四天王寺方式）であると報告された。[18]

一九七六年、新たに八か年計画で、以前よりも広い領域を対象に皇龍寺の発掘調査が行われることになった。その調査結果は驚くべきものだった。

皇龍寺の伽藍配置については従来地表に比較的良く残っていた基壇および礎石などから中門・塔・金堂および講堂が南北一直線に並置される四天王寺式（百済式）伽藍配置であることを誰も疑っていなかった。しかし、現在までに判明した調査結果によってすでにこのような見解は崩れ去り、かえって伽藍配置は高句麗の清岩里廃寺の系統に属する三金堂式伽藍配置であることがわかった。[19]

すなわち、飛鳥寺発掘調査とまったく同じ出来事が起こったのである。

しかし、それだけではない。皇龍寺は、本来は百済式の伽藍配置だったのであるが、後に丈六の金銅仏（大仏）が鋳造されたため、三金堂の高句麗式に増築・転換した可能性が強い。もしそうだとすれば、この伽藍配置変更の事情も飛鳥寺の場合と同じである。

『三国史記』新羅本紀によれば、皇龍寺は真興王二十七年（五六六）に竣工している。その後、飛鳥大仏とほぼ同じ法量の金銅大仏が鋳造された。『三国史記』はその「鋳成」を真興王三十五年（五七四）としているが、『三国遺事』は、「仏像（大仏）が真平王の時代に完成したともいわれている」と別伝を伝えている。[20]

真平王は聖徳太子と同時代の新羅王である。もしこの別伝が正しければ、真平王と太子とは、ほぼ同じ時期に大仏造立を計画し、またその結果として主要寺院を百済式の伽藍配置から一塔三金堂の高句麗式に切りかえたことになる。もしそうであれば、真平王と太子とは緊密に連携して東アジアの将来を構想していたことになるだろう。こうした点を確かめるためには、どうしても皇龍寺の性格について理解しておく必要がある。

まず皇龍寺の創建をめぐって。

真興王十二年（五五一）、新羅は、百済とともに、南下政策をとる高句麗に対して逆に侵攻し、漢江上流の一〇郡を奪取した。その際、『三国史記』列伝第四によれば、新羅の将軍が占領地において恵亮《えりょう》という名の高句麗僧と出会い、彼をつれて帰国した。すると新羅の王は恵亮を出迎え、「僧統」という「最も名誉ある地位」につけ、「百座講会と八関法」という仏教行事・法会を行うこととした。また恵亮のために皇龍寺を創建したという。

『三国史記』の皇龍寺縁起は説話風の物語につつまれているが、右の骨子は史実にもとづくものと考えられている。実際、歴史上の事実の核がなければ、このような皇龍寺縁起を創作する理由がなかっただろう。とすると、縁起のこの部分をどのように考えればよいのだろうか。

李基白氏は、「百座講会と八関法」という法会の創設、恵亮の「僧統」着任、皇龍寺の創建、この三者の目的は、「領土的膨張のための軍事行動」を「精神的な面で裏打ちしてやるためのもの」であったとし、また「僧統」による僧尼規制体制の創出のためでもあって、したがって新羅・皇龍寺は最初から「護国寺院」として創建されたと解釈する。(21)

それに対して、李成市氏は、皇龍寺が「護国寺院」として外敵降服を祈ったり、「国統」によって僧尼を統制したりするのは、善徳王時代の六四〇年以降、とくに六五一年の官制改革の時からであり、それ以前の真興王および真平王の時代においては、皇龍寺は「護国的な性格とは基本的に異なる」「王室の私的な寺院」だったとい

う。(22)

たしかに、皇龍寺が外敵の降服を祈る「護国寺院」として創建されたとすると、なぜ敵国の高句麗僧・恵亮を「僧統」として皇龍寺に止住させたのか分からなくなる。

問題は、「百座講会と八関法」という新設された仏教行事・法会の性格である。はたしてそれはナショナルな、護国主義的な性格をもっていたのだろうか。『三国史記』新羅本紀、真興王三十二年(五七二)の条のなかに短いがこの問題を解く貴重な一文がある。それは、

「戦死士卒のために、八関会を外寺に設ける」

という記事である。

つまり、「八関会」という法会は戦死者を弔うためのものだったのであり、この年、皇龍寺は工事中だったので「外寺」で法会を行ったのである。

すなわち、新羅王は敵国の高句麗僧・恵亮を「僧統」の地位につけたうえで、敵・味方の対立を超えて戦死者を弔うために「百座講会と八関法」を創設した。皇龍寺はそのための寺院だった。

皇龍寺がこのような性格と伝統をもつ寺院であるならば、真平王の時代、大仏を造立し、一塔三金堂へと伽藍配置をかえたのは、大仏のもとで朝鮮三国さらには東アジア全体における平和の実現をめざしたからであろうし、聖徳太子と緊密な連携を取った上でのことであろう。だから皇龍寺と飛鳥寺の発掘調査の類似するプロセスは偶然ではなかったのである。

しかし、結論を下す前に、もう一つの問題を処理しておかなければならない。それは、隋の国使の新羅訪問という出来事である。

『三国史記』真平王三十五年（推古二十一年、六一三、太子四〇歳）の条に、

「隋の使臣、王世儀が皇龍寺に来て、百高座を設け、円光らの法師を迎えて経文を講義した」

とある。隋の煬帝はなぜ王世儀を新羅に派遣したのだろうか。

濱田耕策氏は、李基白氏と同じく皇龍寺を「護国仏教」の拠点とする立場なので、右の真平王三十五年の百座講会に関しても、「王世儀は新羅が高句麗を撃つに先だって隋に援軍を求めたが、これに応えて新羅に入国したのであるから、この折の百座講会は対高句麗戦に新羅と隋の軍隊が勝利することを祈願」するものだったというう。(23)どうしてこのように断言できるかといえば、この百座講会を主導した人が円光法師だからである。

新羅僧・円光法師は、『三国史記』によれば、この百座講会の五年前、高句麗軍の侵攻に苦しむ新羅・真平王に頼まれ、隋の援軍を要請する「乞師表《きっしひょう》」を作成した。だから、今、円光法師の主導するこの百座講会は、高句麗と対決する新羅と隋との軍事的盟約行為であり戦勝祈願である、と濱田氏は解釈したわけだ。

しかし円光法師は、「如来蔵」という仏教思想関係の著述のあったことで知られている。(24)「如来蔵」思想というのは、すべての人が仏になる清浄心をもっているという普遍主義の立場である。その立場に立つ円光法師がそう簡単に護国主義の先兵になるものだろうか。『三国史記』によれば、真平王に「乞師表」の作成を求められた時、彼は次のように述べて承諾したという。

自存を求めて他を滅するのは、沙門の行に非《あらざ》るなり。貧道《わたし》、大王の土地にあり、大王の水草を食す。敢《あ》えて命《めい》を惟《おも》わず従がわざらんや。すなわち述し、以って聞す（従う）。

この言葉は、後の時代、皇龍寺が護国寺院へと性格を転換し、絶対化した王権のもとで僧尼を規制するようになってから、おそらく六五一年の官制改革以降に創作された偽りの言葉であって、円光法師のものではない。もっと正確にいえば、「自存を求めて他を滅するのは、沙門の行に非るなり」という言葉のみが円光法師の言葉であって、後に、その言葉と矛盾する「貪道《わたし》」以下、王権に屈服する言葉が付け加えられたのである。円光法師は敵味方を超える共存を仏の理念とした人である。彼は「乞師表」を書かなかったし、真平王もその作成を依頼しなかっただろう。

だから真平王三十五年（推古二十一年）、隋使・王世儀が皇龍寺に来て、「百高座」に参集したのは、ちょうどその六年前、聖徳太子の求めに応じて隋皇帝・煬帝が裴世清《はいせいせい》を派遣したのと同じく、新羅・真平王の求めに応じて煬帝が王世儀を派遣したからであり、いずれもが大仏のもとでの平和を模索していたからである。

聖徳太子と真平王とが強い絆の上で東アジア全体の平和構築をめざしていたことは明らかで、『日本書紀』のよく知られている記事によれば、聖徳太子の没した翌年、推古三十一年七月、新羅から仏像一具・金塔・舎利・観頂幡一具・小幡十二條が送られてきた。むろん真平王が聖徳太子の死を悼んだためで、これらの品は聖徳太子ゆかりの寺におさめられた。

これまで、飛鳥大仏を中心にして太子と隋とのこと、高句麗王のこと、新羅のことなどを見てきたのであるが、最後に百済の場合も眺めておくことにしたい。

五　百済・弥勒寺

聖徳太子と同時代の百済の武王（六〇〇－六四〇年）の治世、大寺院・弥勒《みろく》寺が造営された。その縁起（創建説話）が『三国遺事』武王条に記載されている。その骨子を次に紹介する。

ある日、王が夫人を連れて遠方の寺院・師子寺に行く途中、竜華山のふもとの池のほとりにさしかかった時、池のなかから弥勒仏三尊が現れた。王は車をとめて敬礼した。すると夫人が王にむかって

「ここに大きい寺を建てて下さい。私の願いでございます」

と言ったので、王は承諾し、池を埋める相談のために師子寺の知命法師のところに赴いた。法師は神秘の力で山を崩し、一夜のうちに池を埋めた。王は弥勒三尊像と会殿・塔・回廊を三か所にそれぞれ建立した。「寺名を弥勒寺といった。真平王がいろいろな工人を送ってきて助けてくれた。今日までその寺は残っている」。

後《あと》で弥勒寺の発掘調査報告を参照したいと思うが、その前にこの縁起のなかで注意しておくべき点を記しておこう。

第一に、縁起によれば、弥勒寺が王都から離れた場所に、しかもかなりの土木工事を必要とする場所に造営されたこと。実際、弥勒寺は王都扶余の南南東三三キロメートルの地点にあり、発掘調査の報告者・張慶浩氏は、「なぜ当時の王都の扶余から遠く離れた場所にこれほど大きな寺刹を建てたのか全く理解できない」

としつつも、あえて推測を試みて、

「当時三国の角逐状況を考えて、第三次の遷都対象地をこの地に考えた可能性もありうる」と述べている。(25)はたしてそうだったのだろうか。

第二に、縁起によると、弥勒寺建立の発願者は、武王その人ではなく、武王の妃《きさき》である。弥勒寺は王室の寺院だが、なぜ妃を発願者とする必要があったのか。

第三に、山を崩し池を埋めた奇跡の人、師子寺の知命法師とは何者なのか。なぜ弥勒寺縁起にこの人物が登場してくるのか。

第四に、弥勒寺の本尊は弥勒三尊像であり、縁起によれば、この三尊それぞれに会殿（金堂）・塔・回廊があったように読めるが、実際の伽藍配置はどういうものだったのか、発掘調査の報告書によって確かめる必要がある。

最後に、縁起によれば、弥勒寺は新羅・真平王の援助を得て建立された。確かに武王の時代（六〇〇－六四〇年）と新羅・真平王の時代（五七九－六三二年）とは重なっている。しかしその時代は両国の抗争の時代だった。簡単な年譜を見ておこう。(26)

六〇二年　（武王三年、真平王二十四年、推古十年、太子二九歳）百済、新羅の阿莫山城を包囲、その後敗退
六〇五年　百済、角山城を築く。新羅、百済の東部侵略
六一一年　百済、新羅の椵岑《かぎん》城を落とす
六一六年　百済、新羅の母山城攻撃
六一八年　新羅、椵岑城を奪回

百済と新羅との間には、武王の即位以来も軍事的対立は途切れることなくつづいている。それにもかかわらず、百済の弥勒寺建立に際して、「（新羅の）真平王は百工を遣り之を助けた」というのはどういうわけなのか。両国の軍事対立は自明のことだったのであるから、あえて事実に反する創作文が書かれたようにも思えない。

以上の、弥勒寺縁起にかかわる疑問点は、弥勒寺の発掘調査の報告を聞いた上で考えることにしたい。

発掘調査はまず東塔跡から行われ、東塔から北三一メートルに東金堂跡、南三一メートルに中門跡があった。南から北へ、中門・東塔・東金堂が一直線にならぶ。この区域は東院と呼ばれる。

次に西区域の調査が行われた。この区域には時代を異にする遺構が攪乱した状態だったが、精密な調査の結果、「東院区域と同一の規模と性格の建物跡が互いに対称する位置に配置されていた」。この区域は西院と呼ばれ、中門・西塔・西金堂が南から北に一直線にならぶ。

最後に東院区域と西院区域とにはさまれた中院区域。ここでも同様の伽藍配置だった。

したがって、ここまで見ると、

「発掘の結果、伽藍は『三国遺事』が言うように、塔と金堂の一塔一金堂の組み合わせを、東西に三ヵ所並列して西院・中院・東院を形成する特異な伽藍配置をとることが明らかになった」

ということになる。(27)

すなわち、西院・中院・東院それぞれ百済式の伽藍配置をもち、並行しているものと考えられた。

しかし、やがてこれが誤りであることが判明した。張慶浩氏の報告によれば、西院と東院の講堂と思われたのは実は僧房だったのである。講堂は一つで三院共同の施設だった。つまり、弥勒寺は、百済式伽藍配置の三つの院の並存ではなく、三塔・三金堂・一講堂が南から北へ向かう特殊な伽藍配置だったのである。

ところがさらに、張氏の報告によれば、東塔と西塔はいずれも石塔なのだが「石塔材の治工法が異なること」がわかった。そのことは、東塔と西塔とが「建立年代が異なるのか、もしくは、加工技法をわざと別のものにしたか」、いずれかだという。つまり弥勒寺は、創建時、三塔ではなかった可能性がある。

二〇〇九年、弥勒寺西塔の解体修理が行われた。その際、舎利容器が発見され、その金板の舎利奉安記には「己亥《きがい》正月廿九日」の日付があった。この「己亥年」は六三九年であろうといわれている。(28)

もしそうであるとすると、西塔および東塔は、弥勒寺創建時のものではなく、ずっと後に付加されたもので、その結果、東院および西院はそれぞれ自立的な百済式伽藍配置になった。したがって弥勒寺本来の伽藍配置は、一塔三金堂で、大仏造立後の飛鳥寺および新羅の皇龍寺と同じだったのである。

弥勒寺は新羅・真平王の援助によって創建されたと縁起のなかにあるので、このような伽藍配置となったことは偶然ではないだろう。すなわち、武王による弥勒寺の建立は、戦争の時代にあって、王のリーダーシップによって、おそらくは転輪聖王という意識のもとで、大仏の下での平和構築を実現しようとする真平王や聖徳太子の呼びかけに武王もまた応じようとしたことを示すのではなかろうか。

縁起にまつわる問題もこうした視点に立つことによって氷解するように思われる。

距離の問題。武王時代、王都扶余には大寺院である陵山宝寺や王興寺があった。

陵山宝寺は、五五四年、百済の聖王が新羅との戦いで捕えられ斬首され、また三万の将兵も全滅した後、建造が始まり、完成は五六七年である。陵山宝寺の水路跡から、一〇名以上の名を連ねる薄い木簡が出土しており、それは兵卒の位牌《いはい》のようなものだという。陵山宝寺もその後建立された王興寺も、新羅と対抗するための護国寺院だったであろう。(29)

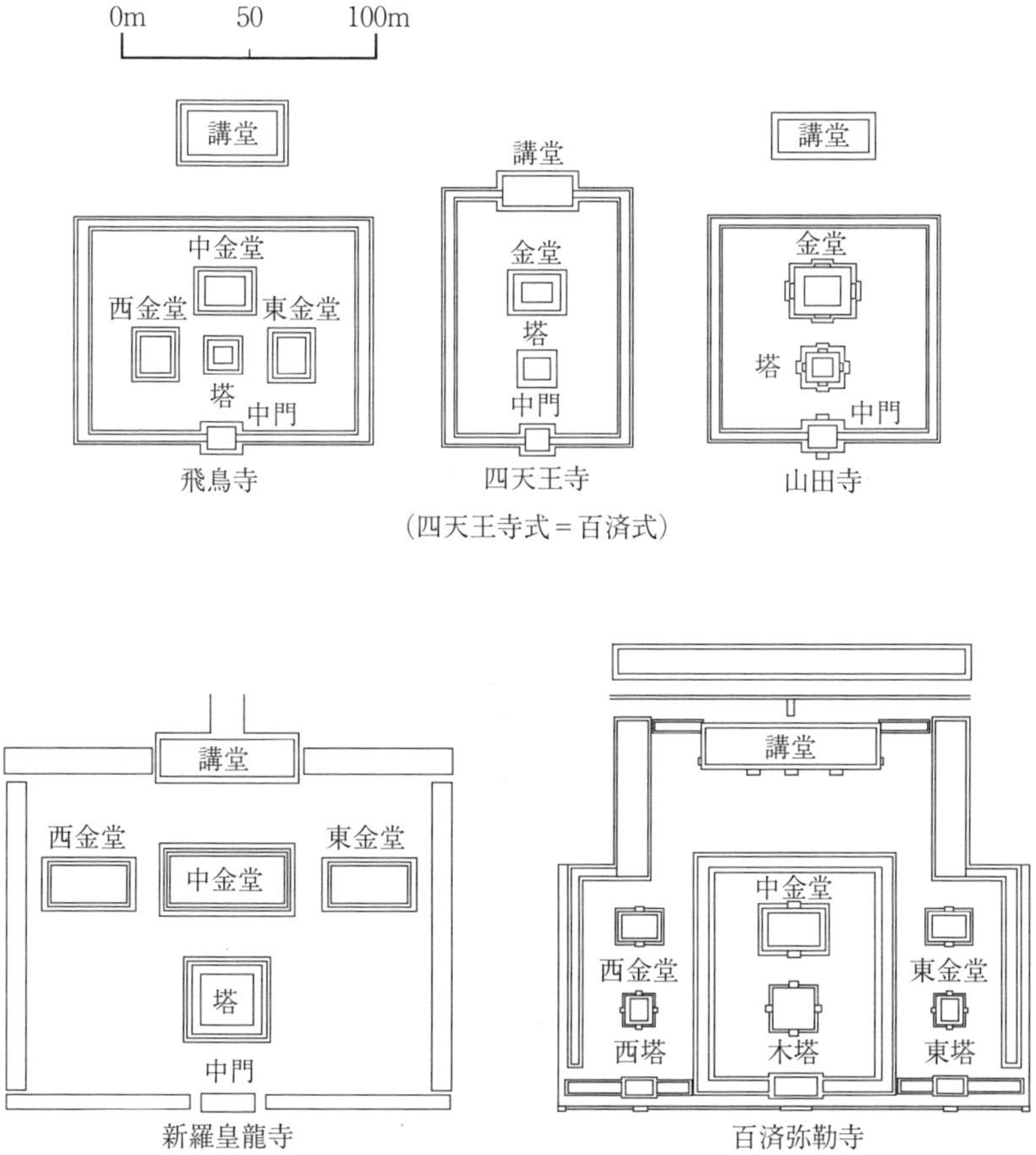

図５　百済式伽藍配置と一塔三金堂型伽藍配置

木下正史『飛鳥幻の寺、大官大寺の謎』(本章注 27)

もし武王が、戦勝祈願のためのこのような護国寺院ではなくて、軍事的抗争の合い間をぬって、なんとか新羅との平和関係を構築することを模索し、そのための仏教理念を体現する寺院を建立しようとしたならば、王都から離れた場所に、しかも新羅との平和交流に便利な地を選ぶ必要があったであろう。

おそらく、王都から遥かに遠い師子寺の知命法師は、新羅・真平王と百済・武王との間を取り持った僧なのであろう。だから彼は縁起のなかで、一夜のうちに山を崩し池を埋めたてて、弥勒寺建立の基礎を築いた奇跡の人として現れることになった。新羅と百済との深刻な対立を克服する中心人物だったからである。また、弥勒寺建立の発願が、武王ではなく王妃になったのも、王都には軍事路線に固執する貴族もいたであろうし、たとえ王が平和路線を模索していても、万一、戦争になれば王は軍のリーダーにならざるをえず、すべてを弥勒寺の理念にかけるわけにはいかなかったからだろう。

隋や朝鮮三国の王たちは、戦争の可能性をたえず考えながら、しかし転輪聖王として平和の構築を真剣にめざした。おそらくその中心には、技術的に困難をきわめる飛鳥大仏の鋳造を決意し、高句麗王にその結縁を求め、遣隋使を派遣し、そして蘇我氏を抑えて新羅・真平王と緊密な関係を結んだ聖徳太子が立っていたのではないか。

（1）金鉉球『大和政権の対外関係研究』吉川弘文館、一九八五年、二七八、二九二－二九三頁
（2）水谷千秋『謎の豪族蘇我氏』文春新書、二〇〇六年、一四八頁
（3）吉川真司『飛鳥の都』岩波新書、二〇一一年、一九頁
（4）吉村武彦『聖徳太子』岩波新書、二〇〇二年、二九頁
（5）和田・石原編訳『魏志倭人伝・後漢書倭伝・宋書倭国伝・隋書倭国伝』岩波文庫、一九五一年、七一頁

(6) 堀敏一『中国と古代東アジア世界』岩波書店、一九九三年、二〇二頁
(7) 東野治之『遣唐使と正倉院』岩波書店、一九九二年、九八－一〇〇頁
(8) 河上麻由子『古代アジア世界の対外交渉と仏教』山川出版社、二〇一一年、一三二－一三三、一四一頁
(9) 廣瀬憲雄『東アジアの国際秩序と古代日本』吉川弘文館、二〇一一年、八七－一〇八頁
(10) 池田温「裴世清と高表仁」、『日本歴史 二八〇』、一九七一年
(11) 氣賀澤保規編『遣隋使がみた風景』八木書店、二〇一二年、一八頁
(12) 奈良国立文化財研究所『飛鳥寺発掘調査報告』、一九五八年
(13) 上原和『人間の美術3　仏教の幻惑』学習研究社、二〇〇三年、三五－三六頁
(14) 田中卓「元興寺伽藍縁起并流記資財帳の校訂と和訓」、『南都仏教（四）』南都仏教研究会、一九五九年
(15) 久野健「飛鳥大仏論―上―」、『美術研究　三〇〇』、一九七五年
(16) 大橋一章「飛鳥寺の創立に関する問題」、『仏教芸術　一〇七』、一九七六年
(17) 黒板勝美編『新訂増補　国史大系第一二巻　扶桑略記　帝王編年記』吉川弘文館、一九九九年
(18) 斎藤忠『図録　東洋仏教遺跡』吉川弘文館、一九七五年、四－五、九頁
(19) 金正基「仏教建築」、田村・秦編『新羅と日本古代文化』吉川弘文館、一九八一年、一二二頁
(20) 林英樹訳『三国史記 上』三一書店、一九七四年
金思燁訳『三国遺事』六興出版、一九八〇年
(21) 李基白「皇龍寺とその創建」、『新羅と日本古代文化』前掲書
(22) 李成市『古代東アジアの民族と国家』岩波書店、一九九八年、二五七頁以下
(23) 濱田耕策『新羅国史の研究』吉川弘文館、二〇〇二年、三四、二二五－二二六頁
(24) 福士慈稔「仏教受容と民間信仰」、『新アジア仏教史一〇　漢字文化圏への広がり』佼成出版社、二〇一〇年
(25) 張慶浩「百済　弥勒寺跡の発掘」、『仏教芸術　二〇七』毎日新聞社、一九九三年

(26) 森公章『東アジアの動乱と倭国』吉川弘文館、二〇〇六年、一八九頁
(27) 木下正史『飛鳥幻の寺、大官大寺の謎』角川書店、二〇〇五年、二五五頁
(28) 吉田一彦「仏教の伝来と流通」、『新アジア仏教史一一　日本仏教の礎』佼成出版社、二〇一〇年、五五－五六頁
(29) 李鎔賢「百済泗沘時代の政治と仏教」、鈴木靖民編『古代東アジアの仏教と王権　王興寺から飛鳥寺へ』勉誠出版、二〇一〇年

五章

隋の煬帝と天台智顗

一　煬帝

（一）煬帝のこれまでの評価

推古十五年（大業三年、六〇七）、聖徳太子が煬帝《ようだい》にあてて、遣隋使・小野妹子に託した親書には、「聞く、海西の菩薩天子、重ねて仏法を興すと」と書いてあった。

この「菩薩天子」と呼ばれる隋皇帝は、初代の文帝をさしている可能性がある。北周の武帝が仏教を禁圧したあと、北周を倒し隋を建国した文帝が「重ねて」（ふたたび）仏法を興隆させたからである。

北周・武帝は、五八七年、仏教を弾圧した。強国北斉と戦うために、国家を一つの家とみなす儒教によって軍事イデオロギーを整備し、莫大な寺院財産と仏教関係の「非生産的」人口を富国強兵体制の構築へ転用するためだった。三年後、北斉を滅ぼすと、そこでも仏教を禁圧した。(1)

聖徳太子は、武帝の儒教的軍国主義を克服して仏教を再興した文帝の登場のなかに、東アジア全体の、仏教による平和実現の時の到来を見たのかもしれない。

もちろん、太子の親書の宛先は、文帝のあとを継いだ第二代皇帝煬帝であるから、「菩薩天子」の敬称は、高僧・天台智顗《ちぎ》から菩薩戒（仏教帰依の誓願と認証の儀礼）を受けた煬帝をも指しているだろうし、「重ねて仏法を興す」の意味は、文帝につづいてさらに仏法を興隆するというニュアンスも帯びていたのだろう。

いずれにしても聖徳太子は、隋皇帝の煬帝が仏教復興政策を採っているので、東アジア全体の平和構築実現に関して煬帝に期待した。東アジアはこれまで、隋と高句麗、および朝鮮三国相互の間で軍事的な対立・緊張関係のなかに置かれてきた。聖徳太子は飛鳥大仏を鋳造し、倭国を東アジアにおけるいわば古代のスイスにしようと決意した。それは転輪聖王として王権をになう人間の、仏にたいする使命だった。このことはまた、先進諸国からの技術や資源の安定した供給を必要とする倭国にとって、国益にかなった道でもあっただろう。

聖徳太子は遣隋使・小野妹子を遣《おく》り、煬帝も国使・裴世清《はいせいせい》を遣ってきた。裴世清は大仏に参拝した。帰国する裴世清に伴わせ、ふたたび妹子を国使として派遣した。太子と煬帝とは、仏に対する使命意識を共有し、「菩薩天子」として、転輪聖王として、東アジアを争いのない、平和な仏国土へ転じる道を歩み始めたように見える。

しかし、これまでの研究史は、遣隋使派遣の目的をそのように見なかったし、とりわけ煬帝が「菩薩天子」であることを否定してきた。なるほど確かに煬帝は天台智顗から菩薩戒を受けた。そのことは認めるが、しかしその時の煬帝の誓願を、研究史は斜《はす》から眺める。

煬帝は文帝の時代、軍総指揮官として江南に派遣され、南朝・陳を滅ぼすが、その後、陳の「帝師」だった高僧智顗から菩薩戒を受けた。その時、長い誓願文を書き遺《のこ》しており、その文を次の言葉で結んでいる。

謹んで、今開皇十一年十一月二十三日、総管府金城殿において千僧の蔬飯《そはん》を設け、智顗禅師に敬屈して菩薩戒を授《う》ける。……如来の慈と同じく諸仏の愛を普《ひろ》め、等しく四生を視ること、なお一子を視るごとくでありたい。六度を平均し、四等を恬和《てんわ》し、衆生は無尽なれど度脱して窮《きわま》らず、僧那《そうな》（四弘誓願）を始心に結び、大悲を以って難に赴き、博遠《はくおん》なること法界のごとく、究竟《きゅうきょう》すること虚空のごとく、具足し成就して、皆、願海を満ぜんことを、楊広、和南。(2)

この誓願文には、仏に仕え、転輪聖王をめざす楊広（のちの煬帝）の熱烈な理想があふれているように感じられる。

しかし、仏教史の面から煬帝をとらえ、その後に大きな影響を与えた塚本善隆氏によれば、「楊州総管に就任早々の若い晋王広（のちの煬帝）がとった、江南随一の名僧智顗に対する敬虔な態度、受戒師事」は、第一には江南仏教界および一般民心を秩序のなかに安定させるための「政治的意図」にもとづくものであり、第二に、仏教心の厚い皇帝・皇后に取り入り、長子の皇太子から皇太子の位を奪い取るための「個人的野心」のためであり、第三には「自らの奉仏心」ゆえであるという。(3)

その後の研究史においては、この最後の、「自らの奉仏心」という面は捨てられ、煬帝にとって仏教は「政治的権威者であることを衒《てら》うための、いわば装飾としてのものであったことが指摘されている」と、塚本説は受けつがれてゆく。(4) 最近でも、煬帝の受戒は「智顗をつうじて旧南朝陳系の人心を掌握するという政治的意図から出ている」とされ、このような見方は通説になっている。(5)

この通説に従えば、煬帝は実際には「菩薩天子」ではなかったことになる。聖徳太子との関係においても、裴世清を倭国に派遣したのは東アジアの平和実現のために太子の呼びかけに「菩薩天子」として応えたのではなく、むしろ反対に、すでにこの頃、煬帝は対高句麗戦争を構想しており、そのために倭国との関係が悪化しないように裴世清を派遣した、というふうにも考えられることになるだろう。

加えて、もし煬帝が「菩薩天子」の名に値せず、野心的で、仏に対する使命意識をもたない権力者にすぎなかったならば、聖徳太子の雄大な平和構想は最初から隋との関係において見通しのないものだった、ということにもなりかねない。はたして、高句麗僧・慧慈を師に招いた聖徳太子が、煬帝や隋の実情を何も知らずに東アジア全体の平和構想を打ち立てたということがあるだろうか。

こうした点を確かめるためには、どうしてもこれまでの通説の煬帝像にとどまるのではなく、煬帝の実像、あるいは、煬帝における仏教と政治について再検討する必要がある。

（二）煬帝と仏教

煬帝が、政治的意図とは直接の関係なく、仏教に対する心を吐露した詩文がある。それは布目潮風氏による煬帝研究で紹介されているもので、「方山の霊巌《りょうがん》寺に謁す」という題目がついている。[6] まずこの詩を読んで、これまでの煬帝イメージ、暴君で好戦的な専制君主という、唐代の『隋書』が作り出した虚像から離れることから始めよう。

梵《ぼん》宮（寺院）はすでに隠々《いんいん》として
霊岫《しゅう》（霊巌山）もまた沈々たり
平らなる郊《の》は晩《ゆうべ》の日を送り
高き峯は遠き陰を落とす
廻《めぐ》れる旛《はた》は曙《あかつき》の嶺《みね》に飛び
まばらなる鐘は晝《ひる》の林に響く
蝉は鳴いて秋気近く
泉は吐きて石磎《せっけい》深し
迹《み》を禅枝（寺院）の地に抗《きよ》くして

布目潮風氏はこの詩のなかに、煬帝の、「皇帝もしくは晋王としての体面などは捨てて、素直に仏道に帰依している姿」を見ている。皇帝もしくは晋王という言い方は、この詩がいつ詠まれたかわからないからである。

煬帝は早朝、都を発ち、夕刻に方山の霊厳寺についた。仏の道を歩む決意を固めるためである。都の宮廷の政治の場においては、皇帝あるいは晋王として、最後には醒めた孤独な決断をくださねばならないが、そのためにはこれまでの行動の軌跡を内省し凝視して、もう一度、方山霊厳寺の風景を見ながら、心の芯に仏を置く必要があった。煬帝にとって仏への信仰は政治から離れた別の心情なのではなく、内側から彼の政治を導く原理なのである。だから彼は都の宮殿から霊厳寺にやってきて、心を立て直して都に帰るのであるが、その霊厳寺を「梵宮」と呼ぶ。彼にとっては宮殿と寺院とは内面的に結びついていて、仏が政治を導くし、また政治にたずさわることによって仏に仕えることができるからである。

煬帝が天台智顗《ちぎ》から受戒したのは、支配者としての政治的方策や「個人的野心」からのものではなく、この詩から見るかぎり、みずからの内面的支柱を求めたからであり、聖徳太子の言葉を使えば「菩薩天子」であろうと志したからである。

そうした煬帝の姿勢は、具体的には、皇帝即位後まもなく行った文帝制定の律（刑罰法規）の大規模な改定作業に端的に現れている。

煬帝の父、文帝は開皇五年（五八五）、大徳経法師から菩薩戒を受けたが、その時の詔のなかで、「菩薩の教えは、解脱を以って先となし、戒行の本は慈悲をもって始となす。……流罪より已下《いか》、悉く原放すべし」と命じた。

その結果、監獄から解放された囚人は二万四九〇〇余人、死を免れた者は三七〇〇余人にのぼったという。(7)

文帝の「菩薩天子」という自覚はすでに受戒以前にも見られるもので、開皇三年（五八三）発効の十二巻五百条の開皇律は、これまでの刑罰の肉刑（鼻切り、足切り、去勢など）を清算して杖《じょう》（むち打ち）、徒《ず》（懲役）、流《る》に変えるもので、しかも罪を条文に対応させて処罰する罪刑法定主義的な性格をもち、「当時の世界でもっとも進んだ刑法体系であった」と評価されている。(8)

ところが、仁寿四年（六〇四）、煬帝は即位すると同時に、この開皇律の大幅な改定作業に着手した。『隋書』志編二十には、

「煬帝即位し、高祖（文帝）の禁網の深刻を似《おも》う」

とあり、改定作業の中心は刑罰の軽減にあった。(9)

新律は大業二年（六〇六）に完成し、翌年四月、大業律と名づけられて頒布施行された。それまでの開皇律五百条のうち、実に二百余条にわたって刑罰の軽減が行われ、煬帝に対する誹謗文書としての性格の強い『隋書』さえも、久しく厳格な刑罰に苦しんできた百姓は新律の寛大さを喜んだと述べている。

「菩薩天子」を志す煬帝の姿は、別の面にも現れる。

大業律施行と同じ大業三年（六〇七）、煬帝は帝国北辺を巡幸して都に帰る途中、かつての陰欝な古戦場を訪れている。それは文帝時代の仁寿元年、突厥《とっけつ》軍の侵攻を防ごうとした代州総管軍の敗北の地だった。白骨が原野をおおう惨状を見て

「帝、憐《れん》然として之を傷《いた》み、骸骨を収葬して、五郡の沙門に命じて仏供《ぶっく》を設けせしむ」

と『隋書』にある。

山崎宏氏は、この、五郡から多数の僧を集めて行われた国家規模での葬儀を、高句麗に対し大遠征軍を構想していた煬帝が反戦思想を抑圧し、殉国の精神を高揚しようと試みたものと解釈している。(10)

しかし、この古戦場は突厥との交戦地であり、文帝時代の高句麗戦の跡ではない。しかも大業三年のこの時点では、突厥は隋に服属し友好関係にあった。五郡から集まった多数の僧たちは隋と突厥との区別なく白骨をひろい弔ったのである。このことに関し、間接的ではあるが証拠がある。すなわち、大業三年は小野妹子たち遣隋使が隋に来た年である。彼らの眼には、国内面では大業律の施行による刑罰国家からの脱却を、対外面では、戦没者の国家葬儀による軍事国家イデオロギーからの脱却を試みる煬帝の姿が映っていただろう。だから妹子の帰国報告は聖徳太子の期待にかなうものだったし、再度妹子は裴世清とともに国使として隋に派遣されることにもなった。

（三）対高句麗戦争

しかし、なぜなのか、妹子が裴世清《はいせいせい》に随伴して隋に派遣されてから四年後、六一一年（推古十九年、大業七年）、煬帝は高句麗遠征を決断し、その翌年、実際に煬帝親征軍一一三万、公称二〇〇万の軍団が高句麗へ進軍した。結果は隋軍の惨敗。翌年の六一三年、煬帝は再度軍団を編成し、高句麗に向かい遼東へ侵攻したが、国内に広範囲な反乱が勃発して急遽帰還、遠征は失敗した。しかし、あたかも執念が煬帝をとらえたかのように、翌年、三度目の高句麗戦争が行われた。隋軍および高句麗軍ともに疲弊し、高句麗王が形式ばかりの降伏を申し出て、隋軍は撤収した。

三回にわたる高句麗戦争によって隋の国内は混乱し消耗し、各地に内乱が広がり、六一八年（推古二十六年）、煬帝は殺されて隋滅亡、李淵が帝位につき唐を建国する。

煬帝の暴君・愚帝イメージは『隋書』が作ったものであるが、それが定着したのは煬帝の高句麗戦争とその結果としての隋の滅亡という事実による。

聖徳太子と煬帝と、そして朝鮮半島の王たちは、仏の下の、平等で平和な世界を東アジアに築こうとしたのではなかったのか。そうした構想に参与して、仏の道を歩んだならば、煬帝は殺されなかったであろうし、隋は滅びなかっただろう。聖徳太子の東アジアにおける平和構築の試みは、仏教の理念にもとづく理想主義に色どられてはいるが、しかしその理想主義はリアリストのリアリズムよりも、時にはもっと現実的な、政治的有効性があった。後の白村江の戦いや、煬帝の死と隋の滅亡がそのことを証明しているのだ。しかし問うべきことは結果ではなく原因である。

「煬帝の異常ともいえる高句麗討伐への執心は、一体何であったのか」

と、聖徳太子の研究家・上原和氏は問いをかかげ、

「彼の眼に、ありありと見えていたものは、まだ若かった晋王楊広の時代、……行軍元帥として南朝最後の王朝陳を滅ぼした日の栄耀《えいよう》ではなかったのか」

と、戦争の原因を煬帝の資質に帰している。(11) しかし、三度にわたる大規模な対高句麗戦争が皇帝ひとりの野心によって推進されるものだろうか。

中国史家の宮崎市定氏は、高句麗戦争の原因を「軍閥の好戦的な主張」にあったという。

「煬帝の高句麗戦争は、天子自身も軽率であったが、それ以上に褒美を貰いたい上級将校がいきり立って始めたのである」。(12)

陳の滅亡後、中国は統一されて平和化が進行し、軍閥は活躍の場を失ったので、高句麗戦争の推進主体となったという見方である。

ところがこの見方は資料の語る事実に反している。

煬帝の第一次高句麗遠征軍は、左・右第一軍から左・右第一二軍までの二四軍および皇帝本軍と、海路軍などによって構成されていた。全軍の兵数は一一三万と言われているが、その内訳は、府兵と一時的・臨時的に徴発された農民とからなっていた。

府兵というのは、農業にたずさわりはするが農閑期には正式の軍事訓練を受け、首都や国境の防備についたりもし、「衛《えい》」とよばれる軍府に所属する正規兵である。煬帝の時代には一二衛が置かれていた。各衛を統轄する最高責任者が一名の大将軍で、その下に二名の将軍が配置された。

したがって、可能なかぎりの府兵が動員された第一次高句麗遠征軍二四軍の指揮官は、当然に、大将軍・将軍の肩書をもつ者が多かったのであるが、しかし淺見直一郎氏の興味深い研究調査によると、この遠征軍の場合、「他に本官を有しながら」「十二衛の大将軍・将軍の肩書を与えられた者」が多いという。すなわち、「軍関係以外の官に就いていた者」が、大将軍・将軍の地位につき、府兵を統轄して対高句麗戦に臨んだというのである。大将軍・将軍に次ぐ地位を見るとこの傾向はもっと明確で、資料に現れる四名中三名は軍以外に本官を有し、「遠征に際して臨時に」任命された文官であるという。(13)

以上のことは、第一次高句麗戦争が、通常の、専門的軍指導者たちを推進主体とするものではなく、当時、政界の最有力者である蘇威をトップとする煬帝政権中枢の官僚グループによって推進されたものであることを示しているだろう。彼らは文官であるにもかかわらず多く二四軍の指揮官となって、遠征軍を主導したのである。

しかし、そうだとすると、彼ら官僚グループはなぜ対高句麗戦争を構想したのだろうか。この問題を考えるためには、煬帝が皇太子位についた時点までさかのぼらなければならない。

開皇二十年（六〇〇）、文帝の長子、皇太子楊勇が廃され、次子の煬帝が皇太子位について実権を握った。同時に、建国以来、文帝とその後継者楊勇を支えてきた官僚グループが失脚し、煬帝を支持する新官僚グループが台頭する。この権力闘争の背景には、双方のめざす政策体系のちがいがあった。

文帝時代のこれまでの二〇年間、三省六部による中央集権体制が整えられてきたが、その中心都市大興城は中国内陸部の関中《かんちゅう》盆地にある。この地で武川鎮《ぶせんちん》（内モンゴル）軍閥の系譜をもつ官僚グループが権力を握って政策立案し、軍事的にも、かつて南朝・陳を討つために新設された軍府などは廃止して関中地域に多くの軍府を集中させ、いわゆる「関中本位」の全国支配をつづけてきた。(14) 隋は統一国家ではあるけれども、その内実は北による南の支配であった。

これに対して、煬帝政権の課題は、陳王朝滅亡後、長江中下流の領域三〇州、人口二五〇万ないし三〇〇万が隋に帰属したのであるから、北と南とを一体化するということだった。そうでなければ、隋が統一国家だといっても、実質的には、北による南の植民地支配と変わりはなく、社会経済的にも文化的にも分断されたままである。煬帝が智顗《ちぎ》から菩薩戒を受けた頃から、すでに彼は隋の将来をこれまでとは逆に南の側から見ていたのである。

煬帝は帝位につくやいなや、男女一〇〇万人を動員して黄河と淮《い》水とを結ぶ通済渠《つうさいきょ》、および一〇万を動員して淮水と長江を結ぶ邗溝《かんこう》という大運河の開削に着手し、大業四年（六〇八）には、黄河と幽州を結ぶ永済渠《えいさいきょ》、六年には長江と杭州を結ぶ運河の工事を始めている。一〇〇万人や、あるいは一〇万人の労働力動員は、民衆の負担によるものなので、ここでも煬帝の暴君イメージが語られることになる。

民衆の負担は確かに大きかったので煬帝を弁護するわけにはいかないが、あえて煬帝の側に立って考えると、大運河によって中国を一つに結ばないと中国は一つのネイション（国家）になることができず、これまでの南北朝時代のように内側に戦争を生む基盤を残すことになり、また社会経済的にも繁栄をめざすことができない。一〇〇万人の動員という数字は確かに専制的で横暴な権力行使を示すが、しかし動員数の多さは一人ひとりの負担を少なくするためでもあっただろう。いずれにしても大運河の建設に関して、単純な評価はできない。

煬帝政権は、北と南とが一つに結ばれた帝国の形成をめざしたが、同時に、帝国をバラバラに分解しかねない地方の豪族・門閥貴族の自立的な権力を克服することをも課題としていた。すでに文帝時代に、軍事権の中央集権化や地方行政に関する人事権の中央集権化を進め、また九品官人法の家柄主義の否定と試験（のちの科挙試験）による人材登用などによって、地方の豪族・門閥貴族の自立的な権力を克服する努力が行われていた。煬帝政権はこうした課題を受けつぎ、帝国を分解しかねない権力の拡散状況を克服しようとした。特に煬帝政権はこの課題を果たすために仏教による隋帝国の内面的一体化を推進したのだった。

すでに煬帝が皇太子となった翌年、仁寿元年（六〇一）、全国三〇州に仏舎利（釈迦の遺骨とみなされた物、宝石など）を送り、建塔すべき旨の詔が出され、同時に大学の定員が極端に削減されて、事実上、儒教が否定された。その翌年から四年間かけて、全国一一一か所で中央から送られた仏舎利を埋納するための石塔が建立された。この事業は、開皇から仁寿へと元号を変えた年に行われていることが示すように、事実上、煬帝政権の確立とその理念をかかげるものだった。ちょうど倭国において、前方後円墳を否定し、仏教にもとづいて地方の統合がめざされたのと同じように、隋においても、地方豪族の儒教イデオロギーによる支配を否定し、仏教にもとづいて彼らを官僚化する試みが、本格的に行われたのである。

煬帝政権の根本的な課題を以上のように見てくると、政権中枢の官僚グループがなぜ高句麗戦争を構想したのか、おぼろげながら分かってくるような気がする。おそらく彼らは帝国各地の土着の勢力から権力の自立性をそぎとり帝国を一体化するとともに、すでに構築した大運河を活用して実質的に北と南とを結びつけようとして高句麗戦争を推進したのではあるまいか。皮肉なことに、高句麗戦争の結果として噴出した各地のバラバラな反乱こそが、次のように煬帝政権による高句麗戦争の目的を逆説的に指し示しているように思われる。

隋末の乱の特徴の一つは、反乱の土着性が非常に強いという点である。各地で隋からの分離独立政権樹立の動きを見せた。(15)

隋末の反乱集団は二〇〇以上にのぼり、文字通り隋帝国は分解した。

一つ、思想上の問題が現れる。高句麗戦争を推進した官僚グループも、仏教の立場に立っている。他方、戦争以前、聖徳太子の平和構想に応えようとした煬帝も仏教に帰依している。この二つの仏教は、ちょうど聖徳太子と蘇我馬子の仏教外交の性質が異なるように異なったものなのか、それともそうではないのか、という問題である。

煬帝は結局は戦争に突入したけれども、それ以前には官僚グループをおさえて平和政策を実現しようとしていたとするならば、この二つの仏教の内側に入って両者を比較せざるをえない。こうした問題を考えるために煬帝の師・天台智顗《ちぎ》の思想の骨子を参照してみたい。煬帝が智顗に帰依したとき、智顗はとくに政治と宗教との関係という点から見てどのような思想を抱いていたのだろうか。聖徳太子の師・高句麗僧慧慈《えじ》の場合、残念ながらその思想をうかがう十分な資料がないが、智顗の場合には書簡および大部分の著作（弟子による口述筆記）が残されている。

二　智顗

（一）天台山へ

智顗《ちぎ》は南朝・梁の官僚の家の出身で、出家後は河南省光州大蘇山の慧思《えし》について修行し、のちに陳の都建康に出て講説にあたり、皇帝や貴族たちの尊崇を集めるとともに多くの僧を育成した。

太建九年（五七七）、陳の宣帝の勅に、「智顗禅師は、仏道における雄傑であり、今日の学匠たちが宗《もと》づくところである。訓《おしえ》は道俗の両方に及び、国家が教を望《した》う方である」という言葉がある。(16)

智顗は南朝・陳において、仏教を通じ国家を導く「帝師」だった。政治と宗教は緊密に関連していた。聖徳太子が慧慈を師としたように、宣帝も智顗を師とした。

ところが、宣帝のこの勅の二年前、太建七年（五七五）、宣帝が強く引き留めたにもかかわらず、智顗は都建康の瓦官寺《がかんじ》を捨て、天台山に入り、修禅の道を再度、きわめることになった。その決意の理由として、『続高僧伝』巻十七、智顗伝の次の言葉が引かれるのが常である。

初め瓦官寺に四十人坐し、半ば法門に入る。今〔次〕は二百人、坐禅して十人法門を得る。その後、帰宗うたた倍して法に拠《よ》ること幾《いくば》くもなし。これ何の故《ゆえ》ぞや。また知るべし。吾《われ》は自化行道せん。各々《おのおの》安ずる所に随《したが》うべし。当《まさ》に吾が志に従うべきなり。

この言葉をそのまま受けとめるならば、智顗は「僧として教化の良く果さざることを覚《さと》り、都建康を決然と去って」、天台山に入ったということになるだろう。(17)

しかし、智顗のもとに集まる修行僧たちが法門に入ることができない、つまり真実の仏法を悟ることができないからといって、なぜ智顗その人までもが、「吾は自化行道せん」と、いわば修行のやりなおしを決意せねばならなかったのか、判然としない。そもそも瓦官寺に集まる僧たちが法門を得られなかったとは、いったいどのような事実をさしているのだろうか。

智顗が建康の瓦官寺を去り、遠く天台山に入るということは、陳という国家の導師であることをやめるということでもある。事柄は単に修行僧の教化という問題に尽きるものではなかっただろう。事実、陳の宣帝は勅を下し、「宜しく停《とど》まりて物（大衆）を訓《おし》うべし。豈《あに》独り善を遑《いそ》がんや」と、天台山への入山を慰留し、禁じようとした。にもかかわらず智顗は入山を三か月延期したのみで、その決意を翻すことはなかった。(18)

それゆえ智顗の決意の背景には、建康での僧たちの教化の問題と同時に、朝廷の、つまり国政の問題も絡んでいたのかもしれない。

このような眼で智顗の跡をたどると、天台山入山の二年前、太建五年（五七三）の出来事が眼にとまる。すなわち、その年の三月六日、陳の宣帝は、突如、名将と評価の高い呉明徹に兵一〇万をゆだね、北斉征伐に向かわせた。陳朝の歴史のなかで、積極的に軍団を派遣する侵攻戦争は初めての試みだった。そして、戦勝を祈願して百僧による盛大な斉会（仏法儀礼）なども行われた。(19)

智顗は、仏法によって国を護るという思想を捨てたことはない。ずっと後のことだが、陳の皇帝少主によって、護国のための仁王会に招かれ、大智度論や仁王経の講説を依頼されている。智顗がこれを断った形跡はない。[20]けれども、太建五年の北斉進攻という出来事は智顗にとって護国というよりもむしろ侵略戦争であり、おそらく彼の仏教の理念に反したのだろう。にもかかわらず、この戦争を推進した人びとは僧俗いずれも多く智顗の門人だった。それがために彼の心情としては、われ関せず、というわけにはいかなかった。もう一度、修行をやりなおして、僧俗を仏の道に導く心と思想を再確立せねばならなかった。こうして智顗は都から離れ、遠い天台山に向かった。

（二）一念三千説

天台山での修行と思索の結果、智顗は天台宗の理論を構築することになる。その理論の核となる所説は一念三千説とよばれるものである。隋時代の仏教の最高水準を示すものだから、簡単に解説することはできないが、煬帝における仏教と政治の背景にある思想なので、概略・骨子のみ紹介しておきたい。

一念三千説は次のように定式化されている。

それ一心に十の法界を具す。一つの法界にまた十の法界を具すれば百の法界なり。一つの法界に三十種の世間を具し、百の法界にすなわち三千種の世間を具す。この三千は一念の心にあり。もし心なくんばやみなん、けにも心あればすなわち三千を具す。また、一心は前にあり、一切の法は後にありといわず。また、一切の法は前にあり、一心は後にありともいわず。（摩可止観（以下「止観」と略す）五四ａ）[21]

「一つの心に十の法界がある。」

十の法界とは、地獄界・飢餓界・畜生界・阿修羅界・人間界・天上界・声聞界・縁覚界・菩薩界・仏界である。欲事や貪欲によって無道に陥り、心に地獄界や飢餓界が現れる。実の徳がないにもかかわらず名を求めて鬼の心となり、「刀途《とうず》の道」を歩む畜生界。他者に対する優越を求め外面のみの道徳を装う阿修羅界。世間の楽を願い癡《ち》心を喜び中位の善心を起こす人間界。人間的な苦楽を越え、「天上の楽」のため感覚を清める心に現れる天上界。仏教の理法を観じる心に現象する声聞界や縁覚界。そして、捨を行い慈悲の心の菩薩界。真実を体得した心に現出する仏界。（止観四a－b、一〇三a－b）

「一つの法界に、また十の法界がある。」

心に一つの法界が現れる。その法界のなかには地獄界から仏界までの十の法界のいずれかが現象する。ということは、心に一つの法界が現れ、この法界のなかにあっても、心はその隣の、あるいはさらに離れた法界へと転位することができるということだ。心の世界はフレキシブルで、刻々と転位可能な、仏界の方向へも地獄の方向へも向かいうる可能性と危機に満ちている。百の法界は心の論理的可能性ではあるが、ただスクリーンを眺めているような受動性とは正反対の、心の主体性を証しているのであり、その主体的な働きを失うと下方の世界への転落が始まる。

「一つの法界には三十種の世間がある。」

心に現れ、心の風景としての十の法界それぞれは、具体的な色彩をもつ場に生起する。その場は世間と呼ばれるが、世間には三つの種類の分け方がある。五陰《ごおん》世間と衆生世間と国土世間である。五陰世間は、法界の生起している場を身心の面からとらえたもので、五陰とは物質とその感覚作用および表象作用、意志作用、認識作用のことだから、物質対象と感覚・精神作用から成り立つ法界の場、風景である。

衆生世間は、十界の衆生がそれぞれ異なっているので、いわばそれぞれの衆生がつくり出す社会のちがいである。つまり法界それぞれの構成メンバーの違いを視点とした世間の種類分けである。

最後の国土世間は、十の法界が生起する環境のちがいから見た世間の種類分けで、たとえば地獄の環境世界と仏のいる環境世界とは、どのように描かれるにしろ全然異なる。


「三十種の世間」


三種類の世間が三十種類へとヴァリエーションしてゆくのは、『法華経』方便品のいわゆる「十如是《によぜ》」によって世間の構成を考えるからである。「十如是」とは、相・性・体・力・作・因・縁・果・報・本末究竟等、これら十の、「存在」を成り立たしめるファクターでありカテゴリーである。存在するものにはそれぞれ他と異なる姿形があり、性格があり、異なる力の作用があり力の受用があり、また存在の異なる原因があり、きっかけがあり、受動性があり、本と末との等しさがある。したがって、この「十如是」の観点から三種類の世間は三十種類へと展開する。

このようにして一念三千説が成立する。一つの心には十の法界がある。それぞれの法界のなかにまた十の法界がある。そしてその一つひとつの法界は三十種の世間として具体性をもっている。

一念三千説は、心が三千の世界へ移りゆく可能態であることを教える。とくに、一つの法界がそれぞれ十の法界を内に有しているという智顗《ちぎ》の内的体験は、一つの法界から他の法界へ心が超出できるという可能性をさし示している。心に現出し、心がそこにとらわれている法界、たとえば地獄界や畜生界などは、あたかも牢獄のように閉鎖的な壁によって他の法界と断絶しているのではなく、可能性としては他の法界へがらりと転変できる。しかし、この可能性を現実のものにするのは、心の主体的なはたらきである。

心が主体的にはたらき、法界を転位させることのできる理論的根拠を、智顗は独自な「空《くう》」論によって示している。仏教の立場に立つかぎり、世界は、つまり心がそこに帰属し心に現出する法界は、空である。なぜならば、それは縁起によって成立しているからだ。「縁より生ず、縁より生ずれば主なし、主なければ空なり」。けれども、存在・法界は、空ではあるが、しかし存在している。智顗はこの存在のあり方を「仮《け》」とよび、そして、空と仮が両立していることを「中」と呼ぶ（止観八c）。この存在の構造のなかで、人は主体的になることができる。智顗はこの、空を知り、かつ主体的になった心を菩薩と呼び、主体的なはたらきを、具体的には、衆生を救済する行為として考える。つまり菩薩としての僧・俗が、他の低い法界にいる衆生を救済へと導くと、衆生の方も一念三千の法界を内に備えているのだから、導かれて上位の法界へ転出することができる。したがって衆生の救済の中心・起動力は何よりも菩薩のイニシアチブにあると考えた。それは智顗の、大乗仏教の僧としての自覚でもあるのだろう。

菩薩は仮より空に入り、みずから縛著《ばくじゃく》を破すれば、凡夫に同じからず、空より仮に入り、他の縛著を破せば、二乗（小乗）に同じからず。有に処《お》れども染まらず、法眼をもって薬を識《し》り慈悲をもって病に逗《とう》ず。博く愛して限りなく、兼ね済《すく》いて倦《う》むことなく、心を用いて自在なり。（止観七五c）

この言葉は、煬帝の菩薩戒受戒の時の誓願文を想い起こさせる。

智顗の精神は、敵への愛を説く墨子の兼愛思想を大乗仏教の立場から徹底化し、衆生の救済を、つまり「仏国土を浄む」（止観二八c）ことをめざした。こうした智顗を師とあおぎ菩薩戒を受けた煬帝は、そのかぎり東アジアの平和構築を呼びかける聖徳太子に応じる可能性があった。
しかし、煬帝の時代の仏教は、智顗の仏教とは根本的に対立する方向へ進んで行く。煬帝がその方向に引きずられて行かぬように、死にゆく智顗はその遺書のなかで叫んでいる。次にその点を見よう。

（三）「邪僻の空見」

智顗《ちぎ》は空観を中心とする当時の仏教を激しく弾劾している。その激しさは驚くほどである。

まさに知るべし、邪僻《じゃへき》の空心は、はなはだ怖畏《ふい》すべきことを。もしこの見《けん》に堕せば、長く淪《しず》み永く没っす。（止観三八c）

空によって悪を造る者は無礙《むげ》の法を行じ、上は経や仏や敬田の尊ぶべきものを見ず、下は親恩の徳を見ず、禅畜の法を習い、世間・出世間等の善を断滅す。（止観一三八a）

空の見は空にあらず。妄《みだ》りにこれを空なりといい、転倒し分別す。倒はすなわちこれ無明なり。（止観一三八c）

いったい、智顗に「邪僻の空見《くうけん》」（空についての見解）と言わしめた思想はどのような思想なのか、その思想の担い手は誰なのか、なぜこれほど激しく弾劾するのか、こうしたことを探るための資料が残されている。それは智顗が煬帝に残した遺書である。

開皇十七年（五九七）、智顗は晋楊広（煬帝）に招かれ、会いに行く旅路で示寂《じじゃく》した。その直前、「遺書　晋

王に与う」が口述された。(22)

この遺書のなかで、智顗は二度、教化の失敗に関する「恨まれること」を述べている。

一つは陳時代のことで、「陳の都に留滞して八年間法を弘めましたが」「空しく教化」を行った、と語る。このことは、すでに見たように、智顗の門人たちが僧俗いずれも、陳・宣帝の北斉に対する侵略戦争の加担者になったことを指していた。

もう一つの「恨まれること」は、晋楊広（煬帝）の師になってからのことである。

懐《ふところ》を開き来たり問《たず》ねる者を待ち、もし易悟に逢えば、用いて王（晋楊広）の恩に答えようとつとめましたが、一人たりとも禅を求め慧を求める者がありません。物（人）と縁がないままに頓《はや》くも此《きょう》まで至《き》てしまいました。謬って信施に当り、化導の功を上げることができませんでした。結縁の者は衆《おお》くても、僧業に甚委《たんい》できるものは孰《だれ》もありません。

智顗の晩年、かつての陳時代と同じような状況が現れている。すなわち、僧・俗の仏教徒が、侵略戦争のイデオローグになるという状況である。というのも、この遺書の書かれた翌年、開皇十八年（五九八）、楊広の父・文帝は、高句麗侵攻のため三〇万の軍団を派遣しているからである。おそらく智顗の命をかけた旅路も遺書も、この侵略戦争を、楊広を通じてやめさせるためだったのであろう。それがはたして可能だったかどうかは分からない。開皇十八年は、楊広が皇太子位につき実権を握る二年前である。

いずれにしても、智顗の批判する「邪僻の空見」とは、空観を基軸にして構築された戦争イデオロギーである。

空観といういわば否定の論理によって、道徳や倫理にとらわれないニヒルな、仏教的戦争イデオロギーである。智顗の死後、やがて煬帝をささえる官僚グループは、この「邪僻の空見」という仏教にとらわれてゆき、ついには煬帝をも高句麗戦争へと引きずりこんで行ってしまったのではなかったか。

(1) 塚本善隆『北朝仏教史研究　著作集第二巻』大東出版社、一九七四年、六二〇頁
(2) 池田魯参『國清百録の研究』大蔵出版、一九八二年、「王、菩薩戒を受ける疏」
(3) 塚本善隆「隋の江南征服と仏教」、『仏教文化研究　三』浄土宗教學院、一九五三年
(4) 田村芳朗・新田雅章『智顗』大蔵出版、一九八二年、五七頁
(5) 氣賀澤保規『絢爛たる世界帝国　隋唐時代』講談社、二〇〇五年、四六頁
(6) 布目潮風『隋の煬帝と唐の太宗』清水書院、一九七五年、九〇‐九一頁
(7) 塚本善隆「隋文帝の宗教復興特に大乗佛教振興」、『南都仏教　(三二)』南都仏教研究会、一九七四年
(8) 氣賀澤、前掲書、三一頁
(9) 魏徴、他撰『隋書』中華書局、一九七三年
(10) 山崎宏『隋唐仏教史の研究』法蔵館、一九六七年、一三三‐一三四頁
(11) 上原和『世界史上の聖徳太子』日本放送出版協会、二〇〇二年、一八三‐一八四頁
(12) 宮崎市定『隋の煬帝』人物往来社、一九六五年、一四九、一五八頁
(13) 淺見直一郎「煬帝の第一次高句麗遠征軍」、『東洋史研究　四四巻一号』一九八五年
(14) 氣賀澤、前掲書、三九頁

(15) 村山吉廣、江口尚純編『中国歴史紀行 第三巻 隋・唐』学習研究社、一九九六年、五六頁
(16) 池田、前掲書、二一二頁
(17) 諏訪義純『中国南朝仏教史の研究』法蔵館、一九九七年、二六五頁
(18) 京戸慈光『天台大師の生涯』第三文明社、一九七五年、一一九－一二〇頁
(19) 諏訪、前掲書、二六〇－二六一頁
(20) 池田、前掲書、二一八－二一九頁
(21) 池田魯参『詳解 摩訶止観 天巻』大蔵出版、一九九六年
(22) 池田、前掲書(21)、三六六－三六七頁

六章

斑鳩と聖徳太子

聖徳太子は、『日本書紀』によれば推古九年（六〇一）、斑鳩宮の造営を始め、四年後の推古十三年（六〇五）に飛鳥から斑鳩宮に移っている。

斑鳩の地は、斑鳩宮以外の宮や法隆寺も造立され、上宮王家の拠点となった。

聖徳太子が斑鳩に移った理由として時折、蘇我氏の勢力から離れ、政治から離れ、宗教の世界に専念するためだった、という意見が現れるが、もちろんこれは適切ではない。斑鳩の地域は、筋違道《すじちがいみち》あるいは太子道と呼ばれる斑鳩と飛鳥を結ぶ道を地割の基準にして開発されており、この道を利用して太子は飛鳥に行き来して蘇我馬子とともに推古政権を支えた。

したがって、斑鳩開発の理由は、政治からの逃避ではなくて、ふつう言われているように、朝鮮半島や大陸への新たな外交ルートを求めて行われたと考えるべきだろう。斑鳩の地には、さきほどの筋違道と直交する龍田道が整備され難波津に向かっているし、むろん、斑鳩の南を大阪湾へと流れる大和川が水運として利用できた。

しかしなお判然としない点は、これまで見てきたように太子と馬子の対外構想が大きく異なっていたとはいえ、なぜこれまでの飛鳥と難波津を結ぶルートから遠く離れた斑鳩の地に新たに大規模な開発を行ったのか、また、新しい外交ルートの構築とは異なる何か別の目的はなかったのか、というようなことである。聖徳太子の斑鳩開発は、強大な政治力や経済力を背景にして総合的な構想のもとで計画されたはずだから、その政治的な意図について幾つか視点を分けて考えてみたい。

一　倭国のシンボル転換

聖徳太子は飛鳥から難波津に至るこれまでのルートをなぜ避けたのか。まずはこのルートをたどってみて、その上でその理由を考えてみることにしよう。

飛鳥から西へ、つまり大阪湾に向かう道は横大路と呼ばれ、二上山のふもとの当麻に至る。ここからそのまま急な竹内峠を越えるか、ゆるやかな穴虫峠を迂回するか、いずれにしても道は丹比《たじひ》道（竹内街道）に出ることになり、さらに西へ進む。やがて難波大道と呼ばれる南北に走る道にぶつかるので、そこで向きを変え北上する。するとしばらくして左手に住吉津の港が見え、さらにそのまま進むと難波津に至る。

これまでの研究では、住吉津は推古朝の時代には衰退し、難波津に取って代わられたとされてきた。(1)しかし、最近の、住吉津に近接する遠里小野遺跡の調査などによって、住吉津は五世紀後半、難波津とほぼ同じ時期に整備され、七世紀においても難波津とともに国家的な港湾として機能していたことが明らかとなった。(2)

さて今度は、難波津から、あるいは住吉津から飛鳥をめざしてみよう。どのような風景が立ち現れてくるのだろうか。瀬戸内海航路でやってきた人びと、とりわけ朝鮮三国の人びとなどの倭国の第一印象はどのようなものだったのか。考古学者の広瀬和雄氏は次のように描写している。

住吉津に上陸すると右手に百舌《もず》古墳群の累々たる墳墓を眺め、さらに東方に歩を進めると古市古墳群が圧倒的な量感で視野に突き刺さります。奈良盆地に入ると馬見古墳群を右手に、左手遠方には佐紀古墳群を、はるか正面の三輪山麓には大和・柳本古墳群を望みます。荘厳性、威圧性、隔絶性にすぐれた巨大前方後円墳は、相互に連携しながら〈可視的な前方後円墳国家〉としての威力を存分なく発揮するのです。(3)

聖徳太子による斑鳩進出は、この巨大前方後円墳が支配するルートを回避し、代わりに難波津を見おろす上町《かみまち》台地に四天王寺を建立し、龍田道および大和川をさかのぼって法隆寺のある斑鳩に至り、そして筋違道によって飛鳥大仏の坐す飛鳥に終着する、という構想、つまり倭国の象徴体系を前方後円墳から仏教伽藍へ転換させる構想の下で進められたのではあるまいか。国内の人びとには意識の改革を促し、外国の人びとには倭国のイメージを転換させることで新しい仏教国家建設を実現しようとしたのであろう。おそらく遣隋使や朝鮮三国への使節の派遣と、それらの国々からの国使招聘とを考えた上でのことであっただろう。

聖徳太子が斑鳩を開発し、そこに移ってから八年後の推古二十一年（六一三）、『日本書紀』に、「難波から京に至るまでに大路を置く」という記録がある。この大路は、聖徳太子が回避した横大路の改修ないし「横大路が持つ機能を担った道路」の改修だといわれている。(4)そして、この道路から先ほど見た丹比道（竹内街道）へ出てそれと直交する「難波大道」も整備された。(5)つまり、太子の斑鳩を中軸とする新ルートに対して、飛鳥の勢力つまり蘇我氏は海に出る旧来のルートを大規模に補修した（太子と馬子との分業ないし対抗）。

しかしそれだけではなく、蘇我氏による旧来のルートの補修は、飛鳥全体の道路計画と結びついていた。すなわち、飛鳥から西にのびる横大路に対し、南北に走る下ツ道《しもつみち》が敷設された。下ツ道は、遺構から発見された須恵器から七世紀初頭の敷設と推定されている。そして下ツ道はその南端を、蘇我稲目（馬子の父）の墓の可能性をもつ五条野丸山古墳に置く。つまり下ツ道は、この全長三二〇メートルの巨大前方後円墳を道路計画の基準にして設計されていた。その後、下ツ道に並行して中ツ道と上ツ道が等間隔で建設されたが、上ツ道は横大路からまっすぐ北上し、箸墓《はしはか》前方後円墳の後円部にぶつかり、その周囲を迂回してからさらに北上する。ここでも巨大前方後円墳が道路計画の基準・目印として設定されているわけだ。(6)

聖徳太子による新ルート・斑鳩開発と、蘇我氏による旧来ルート・飛鳥都市計画とは、表面上は奈良盆地全体の整備のための分業という形をとりつつも、その背後には特に対外関係についての潜在的な対立を横たえていたであろうが、それだけではなく、これまで見てきたように両者の間には古墳文化に対する緊張感という点で決定的な違いがある。

たしかに蘇我氏による飛鳥の道路計画は、古墳時代の自然地形を利用する道路体系や、斜方位の直線道路の段階から、新たな正方位の計画道路の段階へと革新性を示すものである。(7) しかし、この革新性は、聖徳太子の場合とは正反対に、巨大前方後円墳を回避するのではなく、むしろそれを設計基準として用いるという伝統の尊重と共存している。つまり蘇我氏の場合には前方後円墳文化に対する緊張感を欠いているのだ。

蘇我馬子は、稲目の女《むすめ》で欽明大王の妃《きさき》、そして推古の母でもある堅塩媛《きたしひめ》を欽明陵に合葬するために、推古二十年（六一二）、諸王子や群臣を集めて盛大な儀式を執り行った。また、その馬子の墓として、大王墓なみの巨大石室をもつ石舞台古墳が造営された。さらに、馬子の長子蝦夷《えみし》は、自分とその子入鹿《いるか》のために巨大な「双墓」を築造したが、その際「上宮の乳部《みぶ》の民」を勝手に使役して聖徳太子の女・上宮大娘姫王《かみつみやのいらつめのみこ》の憤りを引き起こしている（『日本書紀』皇極元年）。その憤りは、上宮王家の領民を使役したからだが、さらに使役の目的が巨大な古墳の造営だったからでもあるだろう。

聖徳太子が死んだ時、上宮王家の人びとは古墳の造営ではなく、金堂釈迦三尊像を鋳造し天寿国繍帳を制作し

図６　飛鳥の道路
清水昭博「斑鳩からみた飛鳥」吉村・山路編『都城』
（藤原京・平城京は後の時代の遷都・造営によるもの）

た。大規模な古墳の造営を企画したりはしなかった。蘇我入鹿は、やがて兵を斑鳩に派遣して上宮王家を滅亡させることになるが、その襲撃の直接の担い手には土師娑婆連《はじのさばむらじ》がいた。土師氏は大和政権において埴輪製作や古墳の造営を管掌した豪族であり古墳文化の体現者である。(8)だから古墳文化を否定する上宮王家の不倶戴天《ふぐたいてん》の敵だった。

聖徳太子が斑鳩の地に宮と寺院を営んだのは、対外関係の新しいルートを築くためだったが、それは同時に前方後円墳文化から仏教文化へと倭国の象徴体系を転換させるためだった。ただし、斑鳩宮と法隆寺は新しい文化の象徴であるばかりではなく、その文化を形成するための思想的センターでもあった。次にその点に移ろう。

二　思想構築のセンター

昭和五十三年（一九七八）から六十年（一九八五）にかけて、法隆寺の発掘調査が行われた。その結果、斑鳩宮と法隆寺（若草伽藍）とが、単に隣接するということからではなく、特に建造物の方位と地割から、「一連の計画のもとに造営されていること」「両者の造営計画時期がほぼ同じであったこと」が判明した。(9)

このことは決して自明なことではなく、この調査以前では、法隆寺の建立計画は斑鳩移転以後とされることが多かった。斑鳩宮と法隆寺とが最初から一体の計画のもとで造営されたという事実は、聖徳太子の思想や斑鳩開発の目的、あるいは斑鳩構想のモデルなどを考える上で大切な視点を提供する。

これまでの聖徳太子の足跡をふり返ってみると、その政策構想の形成に際しては、政治的諸関係に熟知する上宮王家の家産制的官吏つまり政治的知識人としての家臣・舎人《とねり》と、仏教に精通する僧・帰化人と、この二種類の知識人サークルがそれぞれ斑鳩宮と法隆寺に対応する形で存在していたように思われる。たとえば、東国において前方後円墳の築造を停止させ、広範囲の地域の諸豪族のなかから特定の豪族に特権を与えてその地域をまとめさせ、それと同時に中央に従属させるという政策、しかも、その特定の豪族の選出に際して上宮王家の領民である壬生部を供出させるという政策。これらはもともと上宮王家に帰属する政治的な知識人（家産制的官吏）の構想だったであろうし、また、その政策の結果として、地方有力豪族の子弟が上宮王家の舎人になり、在地の実状に詳しい彼らが上宮王家の地方政策のブレインともなったであろう。

あるいは、以前の推測が正しければ、あの記紀神話の黄泉の国は、古墳の思想と対決するために、聖徳太子に仕える仏教知識人の創作だった。また、法華経にもとづく冠位十二階の着想や、東アジア全体におよぶ雄大な平和構築構想などは、むろん聖徳太子の知的なイニシアチブによるが、その配下の政治的知識人と仏教的知識人の協力がなければ成立できなかっただろう。

つまり、斑鳩宮と法隆寺とを一連のものとして同時期に計画した理由の一つには、家臣・舎人と帰化人・僧から成る知識人サークルのセンターを築くというねらいがあったと思われる。古墳文化を克服して仏教を基礎とする新しい国づくりを行うためにはどうしても解決しなければならぬ思想問題や、あるいは輸入文化の咀嚼《そしゃく》、国家の将来像の知的な構想など多くの課題があった。したがって聖徳太子はみずからの意志や構想をよく理解し、それを理論的にも実践的にも具体化する有能な知識人サークルを必要としたにちがいない。この点について一例をあげて考えてみよう。

聖徳太子は、法華経、勝鬘《しょうまん》経、維摩《ゆいま》経、三経の「義疏《ぎしょ》」を書いたといわれてきた。しかし三経「義疏」は、専門的な学僧の仕事であって太子の撰述ではないだろう。それにもかかわらず、これらが聖徳太子によるとされた背景にはそれなりの理由があったはずである。法華経は、古墳時代の人間を仏教に導く指南の書として、この時代、最重要な経典であったし、勝鬘経は女性の勝鬘夫人を理想的な仏弟子とする経典なので、女帝推古に対して仏教を進講するには最適の経典であった。さらに維摩経は、維摩という白衣の人（世俗の人）が黒衣の人（仏弟子）を超えるほど仏法に精通し、しかも政治にたずさわりもしたので、大和政権を構成する豪族たちの、あるいは聖徳太子その人のモデルとなりうる人物であるから、重要な経典だった。こうした点を考えると、太子の指示によってこの三経「義疏」が作られた可能性が高い。

『日本書紀』によれば、斑鳩に移った年の翌年、推古十四年（六〇六）七月、聖徳太子は推古の求めで勝鬘経を三日間にわたり講説しており、またこの年、斑鳩の岡本宮で法華経を講説した。推古大王はたいへん喜び、播磨の国の水田百町を太子に施与し、太子はこれを法隆寺（斑鳩寺）に施入したという。

僧ではなくて太子自身がこの二つの経典を講説したのは、経典が、したがって仏教が、政治と切り離された宗教の聖典としてではなく、反対に国政上の問題に重要な意味をもつ聖典としてみなされていたからである。そして太子は、これらの経典解釈を、配下の知識人サークルの支援によって推古大王が十分納得いくように行った。推古大王が十分納得するような進講だったというのは、次のような事態をさしている。

推古大王は法華経の講説を聞いたわずか数か月後、『日本書紀』によれば推古十五年（六〇七）二月九日、突然に、伝統的な神々への祭礼、神祇祭祀の復興を宣言し、

「今朕《わ》が世に当りて神祇を祭《いは》ひ祀《まつ》ること、豈《あに》怠ること有らむや、故、群臣、共に為に心をつくして、神祇を拝すべし」

と詔《みことのり》をした。

このいかにも唐突な詔の宣言に研究史は当惑気味で、根拠なく『日本書紀』編者の創作としたり（坂本太郎氏）、あるいは「仏教重視の姿勢に対する批判の意図」（本郷真紹氏）、ないし「仏教そして仏教に象徴される外国文化熱への牽制」（曾根正人氏）を読みとろうとしたりする。(10)

けれども推古大王が数か月前の法華経講説を喜んだのは確かで、実際、法隆寺の所領は播磨に多い。また推古大王の名前「トヨミケカシキヤヒメ」は、推古大王が「積極的に寺院造営に取り組んだ最初の王であったことを讃えたもの」「仏教を軸にすえて国造りを行なった大王に対する讃え名であった」と言われている。(11)

つまり推古大王は後からふり返ってみると、神祇祭祀の復興者であると同時に、仏教の興隆者だった。これまでの神々に仕えつつ、仏に仕える大王だった。この二つの立場の両立はどうして可能だったのだろうか。この問題は推古大王の抱えた問題ではあったが、用明大王の長子であり推古大王の後継者である聖徳太子その人の問題でもあった。だからこの問題に関して、太子に仕える仏教的知識人サークルは中国や朝鮮半島の事例を参考にして研究し、勝鬘経や法華経に問題を解くカギを見つけたにちがいない。だからこそ、経典の講説に喜んだ推古大王は間もなく神祇復興の詔を出すことができた。詔は唐突・不自然に出されたのではなく、経典講説によって仏と神とが矛盾する存在ではないことを理解できたので、はじめて出すことができたのである。このことはあくまで一例にすぎないが、時代は深刻な思想問題を多く抱えざるをえず、聖徳太子は斑鳩の地に知識人サークルのセンターを築く必要性を強く感じていたのである。しかし、なぜ斑鳩の地が選ばれたのであろうか。

三　物部氏領との関係

斑鳩からまっすぐ東にのびる古道を行くと、わずか十数キロメートルほどで現在の天理市に出る。そこには石上《いそのかみ》神宮が鎮坐する。

石上神宮の地は、そのまま東に、都鶏《つげ》を経て伊賀・伊勢にいたる道筋の起点だった。伊勢に出れば、海路および陸路によって東国への視界が開ける。

他方、石上神宮から山の辺の道をやはり十数キロメートルほど南下すれば、三輪山のふもと大神《おおみわ》神社に至り、もうそこは飛鳥の東の入口である。

石上神宮は、直接的には物部氏の管理のもとにおかれていたが、しかし、一個のウジ（氏）としての物部氏の奉斎する神宮ではなく、もっと国家的な、王権が奉斎する神宮だった。だから、この神宮には諸豪族から大王への服従の証しとして献上された宝物が収納されていたし、さらにはこの神宮は王権の武器庫でもあった。(12) ずっと後のことだが、延暦二十三年（八〇四）、石上神宮の武器を山城国に運ぼうとした折、動員された人数は述べ一五万七〇〇〇余人だったといわれている。(13)

物部大連《おおむらじ》守屋の滅亡後、当然に、この石上神宮の管理・運営の担い手の問題が浮上したにちがいない。

石上神宮の性格――奉斎者（主斎者）としての大王――、および斑鳩の地理的位置から推測すれば、聖徳太子の斑鳩進出は、直接的にあるいは間接的に、石上神宮の管理権を掌握することに一つのねらいがあったと思われる。その場合、むろん仏と神との関係という思想的な問題が太子中心の知識人サークルによってすでに解決されていたことが考えられる。その上で巨大な武器庫でもある石上神宮を掌握することは、太子の政治活動にとって大きな意味をもつことになっただろう。

しかし問題は石上神宮だけのことではなかった。

石上神宮の周辺は布留《ふる》遺跡のある所で、この遺跡からは鍛冶具・鉄滓・羽口が出土し、また木製刀剣装具も出土することから、「木器工房・鍛冶工房を併せ持った武器工房」の存在が確かめられている。

この布留遺跡の近くに、横穴石室を内部主体とする約一五〇基の大型群集墳である石上・豊田古墳群があるが、この古墳群からも鍛冶関連遺物が出土する。

これまでの研究で、布留遺跡および石上・豊田古墳群には、物部氏の支配下の有力家長層の存在が、とりわけ大規模な鍛冶工人集団が存在していたと確認されている。(14)

したがって、物部大連守屋の滅亡後、聖徳太子は巨大武器庫である石上神宮の掌握だけではなく、物部氏の支配下に組み込まれていた鍛冶工人集団をもみずからの配下に置くことを意図して斑鳩に進出したように思われる。このことは別の観点からも言えるかもしれない。

すなわち、斑鳩から東ではなく反対に西に向かって、龍田道および大和川を下りきった河内に、大県《おおあがた》遺跡群がある。この遺跡群の地も物部氏の本拠地で、ここには畿内を代表する鍛冶集落があった。花田勝広氏によれば、畿内の中核的な鍛冶工房は、「河内の大県遺跡群、大和の布留遺跡、脇田遺跡の三カ所が代表的なものである」が、このうち前二者は物部氏の支配下にあったもので物部氏の勢力の重要な基盤をなしていた。(15)

聖徳太子が龍田道および大和川を経由して河内・瀬戸内海へのルートを持とうとしたとき、その一つのねらいはこれまで物部氏の配下にあった大県遺跡の中核工房を継承することにあっただろう。大和川を押さえることによって、武器と鉄加工品を大量に掌握することができるからである。それ以前には、物部氏が大和川の航行権を掌握していたといわれている。(16)　物部守屋の死後、大和川をめぐる政治的な真空状態が現出したと思われるが、聖徳太子はそうした状況のなかで斑鳩に進出し、大和川を掌握した。

四　軍事基地としての斑鳩

斑鳩の地は、北に矢田丘陵が迫り、その麓に斑鳩宮と法隆寺がある。東は、富雄川が南流して大和川に流入する。大和川は斑鳩の地の南を画して大阪湾に向かうが、その大和川に龍田川が流れ込んで斑鳩の西を画している。つまり斑鳩の地は、北の丘陵を背にして三方を川で囲まれており、この地形と広さ（面積）の点から当時の朝鮮三国の都城との類似が指摘されてきた。(17)

朝鮮三国の都城の場合、主に軍事上の防衛という観点から選地されているので、斑鳩も同様の観点から選ばれた可能性がある。このような可能性について検討するとき特に注意すべきは、斑鳩の地にある斑鳩宮以外の、岡本宮、飽波葦垣宮《あくなみあしがきのみや》、因幡宮《いんばのみや》の存在だ。

まず岡本宮。斑鳩宮から北北西に一・五キロメートル、矢田丘陵の裾《すそ》にあり、富雄川に流入する芦川まで五〇〇メートル。斑鳩全体にとっての東方面の要地にある。岡本宮を起点にして筋違道（太子道）が富雄川を越えてまっすぐに飛鳥に向かう。聖徳太子はこの岡本宮で飛鳥から来た推古大王に経典を講説した。なお、考古学の調査によってこの岡本宮遺構から火災の跡が発見されている。(18)

次に飽波葦垣宮。斑鳩宮から直線距離で一キロメートル、富雄川に接する場所に位置し、近くをこの川を横切って難波津をめざす龍田道が走る。この宮の跡は現在「上宮遺跡公園」として整備されている。この遺跡から大型の井戸跡が発見されているが、それ以外にも「焼けた凝灰岩製切石片」が出土し、皇極二年（六四三）、蘇我入鹿の派遣軍による斑鳩襲撃との関連が指摘されている。(19)

この上宮遺跡の隣接する場所に、酒ノ免《さけのめん》遺跡がある。

酒ノ免遺跡は、五世紀以降の掘立柱建物群の集落跡だ。建物群の方位は四類型に区分される。そのうちの一つは斑鳩宮（法隆寺東院下層遺構）・若草伽藍（原・法隆寺跡）・岡本宮（法起寺下層遺構）と同一の、北で約二〇度西に傾く方位を示しており、五世紀から六世紀のものとは異なる。したがってこの建物群はこれらの宮や伽藍と同一時期に計画され建造されたことが明らかとなった。

ところが、この場所で、それとあまり隔たらない時期建造の、東で約二〇度南に傾く方位の建物群跡が見つかった。調査報告者の藤井利章氏によれば、このことは斑鳩宮などと同時期に計画・建造された北で二〇度ほど西に傾く先ほどの方位の建物群が「まもなく廃絶した」ことを意味する。(20)すなわち、皇極二年の蘇我入鹿派遣の襲撃軍が飽波葦垣宮を焼き滅ぼした際、酒ノ免遺跡の掘立柱建物群も運命を共にした可能性が大きい。

最後に因幡宮。文献史料から因幡宮の存在が知られる。『斑鳩町史』は因幡宮を、斑鳩宮から南西方向、龍田川が大和川に流れ込む稲葉車瀬地域としている。それが正しければこの宮も河川交通の要地にあったことになるが、おそらく低湿地地帯のため発掘調査が行われておらず詳しいことは分からない。

以上、岡本宮、飽波葦垣宮、酒ノ免遺跡、因幡宮、いずれも斑鳩の交通の要地にあり、前三者は入鹿襲撃軍によると思われる火災の跡がある。このことは、この三者が斑鳩を防衛するための軍事施設でもあったことを推測させる。

実際、この襲撃の際、『日本書紀』によれば襲撃軍二名の指導者のうち土師娑婆連《はじのさばのむらじ》が戦死しており、激しい戦闘があったもようである。もしそうだとすると、飛鳥の小墾田宮《おはりだのみや》に「兵庫」（武器庫）があったことが知られているので（『日本書紀』天武元年六月二九日の条）、斑鳩の諸宮にも「兵庫」があった可能性があり、酒ノ免遺跡の掘立柱建物群は戦闘可能な人びとの住居だったのかもしれない。

もし斑鳩の地が朝鮮三国の都城と同じように軍事的観点から選ばれたとすれば、それはいったいなぜなのだろうか。斑鳩はなぜ、誰に対して、軍事的性格をもつ必要があったのだろうか。

表面上は、北の斑鳩は南の飛鳥と共同して奈良盆地を外部から防備するという形をとっている。しかし実際には、むしろその反対で、斑鳩は飛鳥からの派兵に備えるという性格をもっていただろう。というのは、一つには聖徳太子の外交政策は絶えず蘇我氏の百済中心主義を抑えこむという仕方で展開せざるをえず、潜在的に両者の間に緊迫関係がひそんでいたからである。

もう一つは、冠位十二階の導入によって大和政権を構成する豪族の自立性を剥ぎ取り、王権の絶対化を進める政策は、当然に、豪族の側からの反発が予想されたからである。特に聖徳太子が秦河勝や小野妹子など、上宮王家に仕える中小豪族に高い冠位を与えたり、ずっと以前に見た物部連兄麻呂《えまろ》などの地方豪族に例外的に冠位を与えたりして、世襲名門豪族に対し間接的に権力闘争を展開してゆくとき、万一に備えて上宮王家は軍事的に安全な拠点をもつ必要があったのだろう。聖徳太子の地方における国造《くにのみやつこ》氏族の選出なども、間接的に、その地の他氏族をバック・アップしてきた中央豪族との権力闘争という性格をもっていた。いずれにしても斑鳩の地の軍事的性格は、聖徳太子の新しい国家構想が烈しい権力闘争をともなわざるをえなかったことを物語っている。

五　展望

矢田丘陵を背景にして三方を河で囲まれた斑鳩は、たしかに軍事的な防衛という観点から選地されたように思えるが、しかしこれまでの聖徳太子の理想主義的で未来志向的な足跡を考えると、斑鳩の開発は防衛と同時にもっと積極的な将来構想の所産であったようにも思われる。

言うまでもないが、飛鳥・倭京には大王宮はあったが、それを中心とする特別行政区画としての都城という性格を持っていたわけではない。大和政権を構成する豪族たちは、それぞれ家産・家政機関のある本拠地をもち、重要な群臣会議や儀礼のある場合に大王宮に集まった。たとえばこれまで見てきたように、物部氏は石上《いそのかみ》神宮周辺を大和での本拠地とし、山の辺の道によって飛鳥に至ったし、聖徳太子じしんも筋違道によって飛鳥と交流した。他の諸豪族も同様だった。

このような大和政権を構成する諸豪族のいわば政治的・空間的な存在形態を、冠位十二階制身分秩序に対応する存在形態へと転換させ、将来のことではあるが、国家官僚へと編成するためには、どうしても彼らを本拠地から一度切り離して特定の京域へ集住させる必要があるだろう。

飛鳥の地それ自体は、蘇我系諸氏族や従来からの王族層などの私的な「宅《やけ》」などがあって既得権益が錯綜し、新しい都市開発にふさわしくない。すなわち斑鳩の地は、推古以後、聖徳太子ないしその後継者が大王位についた場合を考え、その場合に、大和政権構成諸豪族の身分的秩序にみあう集住の地として構想されていたのではあるまいか。倭国の都《みやこ》の歴史は、飛鳥から藤原京へ、そして平城京、恭仁京、長岡京、平安京へと、しだいに北上してゆく。斑鳩は、構想のみに終わったが、飛鳥を脱出して北に向かう遷都の萌芽だったのではないか。もちろんこれは、一つの推測でしかないが、政治家としての聖徳太子のスケールの大きさを考えると、自然とこのような推測へと促されてしまう。

聖徳太子が斑鳩宮に移るのは推古十三年（六〇五）であるが、『日本書紀』によれば、「是歳《ことし》、皇太子、亦《また》法華経を岡本宮に講《と》く。天皇、大きに喜びて、播磨国の水田百町を皇太子に施《おく》りたまふ」とある。すなわち、この時、推古大王が飛鳥から斑鳩へ訪れているのであって、その逆ではない。このことは、何か特別の意味を担っていたように思われる。まるで岡本宮のある斑鳩こそが将来の倭国の中心であるというふうな意味を。

（1）住吉大社編『遣隋使・遣唐使と住吉津』東方出版、二〇〇八年、六〇‐六一頁
（2）古市晃「難波地域の開発と難波宮・難波京」、吉村・山路編『都城』青木書店、二〇〇七年
（3）広瀬和雄『前方後円墳の世界』岩波新書、二〇一〇年、一四四‐一四五頁
（4）古代交通研究会編『日本古代道路事典』八木書店、二〇〇四年、二六‐二七頁
（5）森村健一「堺市発掘の難波大道と竹ノ内街道」、『季刊　考古学　第四六号』雄山閣出版、一九九四年
（6）近江俊秀『道が語る日本古代史』朝日新聞出版、二〇一二年、一一五‐一一六、一二五、一六七‐一六八頁
（7）中村太一『日本古代国家と計画道路』吉川弘文館、一九九六年、一〇六頁
（8）米沢康『日本古代の神話と歴史』吉川弘文館、一九九二年、一六一‐一八四頁
（9）山岸常人「法隆寺東院と斑鳩宮」、奈良国立文化財研究所、奈良県教育委員会編『法隆寺防災施設工事・発掘調査報告書』、一九八五年

本中真「若草伽藍とこれに関連する遺構の方位」、同右報告書
(10) 坂本太郎『聖徳太子』吉川弘文館、一九七九年、九八－九九頁、
本郷真紹「『聖徳太子』像の形成」、同編『和国の教主 聖徳太子』吉川弘文館、二〇〇四年
曾根正人『聖徳太子と飛鳥仏教』吉川弘文館、二〇〇七年、一五九頁
(11) 義江明子「推古天皇の讃え名〝トヨミケカシキヤヒメ〟をめぐる一考察」、『帝京史学 一七』二〇〇二年
(12) 篠川賢『物部氏の研究』雄山閣、二〇〇九年、一二〇－一二五頁
(13) 和田萃《あづみ》『大系日本の歴史2 古墳の時代』小学館、一九八八年、一九〇－一九二頁
(14) 花田勝広『古代の鉄生産と渡来人』雄山閣、二〇〇二年、五二－六一頁
(15) 花田、同、二七、三二頁
(16) 亀井輝一郎「大和川と物部氏」、『日本書紀研究 第九冊』塙書房、一九七六年
(17) 千田稔『古代日本の歴史地理学的研究』岩波書店、一九九一年
(18) 辰巳和弘『地域王権の古代学』白水社、一九九四年、一四一頁
(19) 斑鳩町教育委員会・斑鳩文化財センター「上宮遺跡」、同編『飛鳥時代の斑鳩と小田原』展示図録、二〇一二年
(20) 藤井利章「酒ノ免遺跡の調査」、同編『酒ノ免遺跡の研究』斑鳩町教育委員会、一九八六年

七章

九層の塔と山背大兄王

推古三十年（六二二）二月二十二日、聖徳太子は四九歳で薨去《こうきょ》した。

翌年、『日本書紀』によれば、新羅は使者を派遣し、仏具を送ってきた。しかし同じく『日本書紀』によれば、この年新羅が任那を伐《う》ったので、倭国は朝貢問題を交渉するために新羅へ使節を派遣した。ところが、この使節の帰国する前に、征新羅軍が組織されたという。すでに任那は当時存在していないので、この記事がどこまで事実を反映しているのか定かではない。が、聖徳太子の死を契機にして、朝廷内部で対外政策をめぐる対立が表面化した可能性はある。

三年後、推古三十四年、蘇我馬子が死に、長子の蝦夷《えみし》が大臣《おおおみ》となる。その二年後、推古三十六年（六二八）、推古大王は後継者を指名せず崩御。それは大王権がなお脆弱であったことを示している。その結果大王位継承問題が発生する。後継者争いは田村皇子と山背大兄王《やましろのおおえのおう》との間で起こった。

大臣・蘇我蝦夷は田村皇子を推した。蝦夷の叔父（馬子の弟）にあたる境部臣摩理勢《まりせ》は山背大兄王を推した。つまり蘇我氏内部に分裂が生じた。蝦夷はついには摩理勢を殺害し、その上で田村皇子を大王位につけた。

田村皇子が蘇我氏の血筋とは無縁であるのに対して、山背大兄王は蘇我氏との血縁的な絆が深い。にもかかわらず、なぜ蝦夷は摩理勢を殺してまでも田村皇子を大王位につけたのだろうか。蘇我氏一族内部の権力闘争のためだとする意見もある。(1) しかし、それは原因というよりもむしろ結果だったであろう。つまり蝦夷が蘇我系の山背大兄王を排除し、非蘇我系の田村皇子を推したから、蘇我氏内部の有力者摩理勢は抵抗したのだろう。

おそらく蝦夷は対外政策をめぐって、聖徳太子の理念をそのまま継承する山背大兄王に対抗するため、田村皇子を擁立した。というのは、田村皇子が即位して三年後の舒明四年（六三二）、山背大兄王が絡んでいると思われる大きな外交問題が発生しているからだ。

この年、遣唐使が唐の国使・高表仁《こうひょうじん》をともなって帰国したのであるが、高表仁は倭国の「王子」と礼を争い、皇帝の命を宣べずに帰国してしまった。信じられないようなトラブルだが、この出来事は事実だった。『旧唐書』倭国伝には次のようにある。

貞観五年（六三一）、（倭国は）使を遣はして方物を献ず。太宗その道の遠さを深く矜《あわ》れんで、所司に勅して歳貢（毎年の朝貢）を令せず。又、新州刺史《しし》高表仁を使に遣はし、節を持して往きて之を撫《ぶ》す（皇帝の印を持たせて派遣し、この国を安んじようとされた）。表仁、綏遠《すいえん》の才無く（遠い国を手なずける才が無く）、王子と礼を争い、朝命を宣《の》べず還《かえ》る。(2)

唐国使と礼を争うほどの「王子」は、この当時、山背大兄王を除いては考えられない。裴世清《はいせいせい》の場合と同様に、高表仁は難波津から飛鳥に向かったが、おそらくその途中斑鳩を経由した。その時、高表仁と山背大兄王は礼をめぐって対立したのだろう。というのは、山背大兄王は、唐と倭国との対等外交を主張したにちがいないからだ。隋から唐の時代に移っても、上宮王家は太子の理念をそのまま掲げていただろうし、また田村皇子が大王位についたとしても上宮王家はなお大きな勢力をもっていたと思われる。とりわけ外交の領域においては根強い影響力を維持していたのではないのだろうか。

ちなみに、山背大兄王の王子の墓とみられる御坊山古墳の陶棺から、一四、五歳の男性の遺骨とともに、葬具の琥珀製枕および蓋付き三彩（緑釉）円面硯《すずり》と管状ガラス製品が検出されている。遣唐使についての中国側の記録から、琥珀は、朝貢品に使われる貴重な日本の物産品であったこと、また、三彩有蓋円面やガラス製筆管は隋や初唐時代の長安の王族墓に埋納された事例があることが分かっている。(3) こうしたことからも山背大兄王・上宮王家が対中国外交に積極的な役割をはたしていたことが想われる。

もし蘇我蝦夷が、聖徳太子の没後、対外政策を根本的に変えて、かつての百済中心主義にもどろうとするならば、山背大兄王《やましろのおおえのおう》は邪魔な存在だった。

田村皇子を大王位につけた後、蝦夷はその舒明大王（田村皇子）と組んで、次第に上宮王家との対立を深めてゆく。やがて両者の間の権力バランスが崩れ、舒明十一年（六三九）、蘇我氏主導の舒明政権の優越が高らかに宣言される。すなわち百済宮・百済寺の造営の詔である。『日本書紀』は次のように語る。

秋七月に詔して曰はく、「今年、大宮及び大寺を造作《つく》らしむ」とのたまふ。則ち百済川の側《ほとり》を以て宮処《みやどころ》と処す。是を以て、西の民は宮を造り、東の民は寺を作る。

これまでの研究史において、舒明による百済大寺の造営に関しては、「百済大寺は、蘇我氏の氏寺である飛鳥寺に対する強烈な対抗意識の産物」（小澤毅氏）とされたり、(4) 同様に、「舒明天皇の百済大寺の発願は、その背後に舒明朝後半期に生じた蘇我氏と舒明の確執があった可能性が強い」とされ、舒明死後も「新たな王権のシンボル」として「反蘇我氏勢力の結集のため」太后の皇極によって造営工事が続行された（熊谷公男氏）、などと解釈されてきた。(5)

しかし、まず、蘇我蝦夷が同族摩理勢《まりせ》を殺害してまで擁立した舒明が、なぜ蘇我氏に強烈な対抗意識をもち確執をひき起こしたのか、十分に説明されてはいない。蘇我氏は右の詔の四年後、軍兵を派遣して上宮王家を滅亡させるほどの権力を握っている。舒明が右の詔によって、反蘇我の立場を明確に宣言したというのであれば、かつての崇峻大王と同様の運命にみまわれたであろう。

次に注意を要する点は、百済宮・百済寺という名前である（百済大寺は後の美称）。この名前は、『日本書紀』の記述にもとづいて「百済川」に由来すると考えられ、研究者たちは古代飛鳥における百済川ないし百済という名の地の探索を続けてきた。(6) 現在、百済寺は発掘調査によって桜井市吉備に所在する吉備池廃寺とされているから、もし百済川があったならばこの近辺のはずだが、おそらく歴史史料からその存在を確認することはできないだろう。

飛鳥寺や斑鳩寺の名は地名に由来し、それとは別に法興寺や法隆寺という正式名をもっている。百済寺の場合は、それ自体が正式名であって、それとは別の正式名があったわけではない。『日本書紀』（あるいはその原資料）の「百済川の側《ほとり》」という記載は、百済寺という名前を地名に由来すると考えた。つまり、寺が建立される前に、すでに百済川という名で呼ばれた川があり、その川のほとりに建立された寺が、百済川という名前にちなみ「百済寺」という名前になったのだろうと考えたのである。だが、前述したように地名に由来する寺の名称は別名で、飛鳥寺も斑鳩寺も他に正式名称を持つ。『日本書紀』のように百済寺という名前が地名由来だと考えた場合、百済寺は、他に正式名称をもたねばならないが、『日本書紀』すらこの正式名称を知らないのである。とすると、次のように考えることもできる。すなわち、百済寺という正式名をもつ寺が建てられた以後に、近くを流れる川が、「百済川」とも呼ばれるようになったのかもしれない、と。いずれにしても百済宮・百済寺は地名に由来するのではなくそれ自体が正式名であっただろう。ということはどういうことか。

おそらくそれは舒明政権が、聖徳太子によって敷設《ふせつ》され山背大兄王に継承された対外路線を根本的に転換させ、いまや百済との緊密な盟約を結んだことを内外に宣言するために百済宮と百済寺の造営を開始した、ということだろう。それゆえ、百済宮と百済寺とのペアの造営は、飛鳥寺すなわち蘇我氏に対する強烈な対抗意識の産物だったのではなくて、上宮王家の斑鳩宮と斑鳩寺に対抗するものだったにちがいない。

以上のことを証するものは、百済寺の巨大な九層（九重）の塔である。

『日本書紀』および『元興寺伽藍縁起并《ならびに》流記資財帳』によれば、舒明十一年（六三九）に百済寺の九層の塔の造営が開始された。飛鳥時代の大寺院の塔基壇は、ふつう一辺一二メートルほどの規模の正方形である。ところが百済寺の塔基壇は一辺三二メートルもあり、しかも九層の塔であって、倭国に類例がない。倭国には類例がないが、朝鮮半島の百済のあの弥勒寺に類例がある。もう一度、発掘調査報告者・張慶浩氏の報告を聞いてみよう（四章注二五）。

> 東塔跡から露盤と上層の屋蓋石が出土し、復原研究によって東塔が九層であることが考証できた。

かつて弥勒寺は一塔三金堂だったけれど新たに九層の塔が東および西に建立され、東院・中院・西院それぞれ三つの百済式伽藍配置の並存する形となった。しかもこの九層の塔の建立開始は、二〇〇九年に発見された金板の舎利奉安記銘文によれば、六三九年つまり舒明十一年なのである（四章注二八）。舒明十一年に、百済弥勒寺と、倭国百済寺で九層の塔が同時に造営を開始された。もちろんそれは偶然ではなく、百済の義慈《ぎじ》王と倭国の舒明大王とが軍事的な盟約を結び、これまでの武王・聖徳太子時代の東アジア全体の平和政策を放棄して、両国が他国に対抗して軍事的に運命をともにすることを仏に誓ったことを示すのである。『日本書紀』によれば百済義慈王は塔建立の四年前、舒明七年（六三五）六月、官位十六階の第二位にあたる達率を倭国に派遣しており、翌月、舒明政権はこの「百済の客」を「朝」で歓待している。

塔建立の開始から三年後、六四二年（皇極元年）、おそらく弥勒寺九層の塔が竣工したのであろう、百済の大軍は新羅西南部に侵攻を開始した。

「新羅本紀」善徳王の条。

善徳王十一年（六四二）七月、百済王の義慈は大兵をくりだしてきて国の西部の四十余城を攻めとった。

「百済本紀」義慈王の条。

義慈王二年（六四二）秋七月、王はみずから兵をひきいて新羅を侵し、獼猴《びこう》城など四十余城を下した。八月、将軍の允忠《いんちゅう》を派遣して兵一万をひきいさせ、新羅の大耶城を攻撃すると、城主の品釈が妻子とともに出て降服した。允忠はかれらをことごとく殺し、その首を斬って王都にこれを伝えた。……王は允忠の功を賞して馬二十頭と穀物一千石を賜った。

年代記は血なまぐさくなっていく。

六四二年の百済軍侵攻は、新羅を国家存亡の淵に立たせることになった。新羅政権の中心に立つ金春秋は、高句麗との同盟で活路を見いだそうとしたが失敗し、代わりに高圧的な大国、唐に依存せざるをえなくなった。

六四三年、新羅政権は金春秋の子で僧籍に身を置いていた慈蔵を唐から呼びもどし、その慈蔵の提案によって皇龍寺九層の塔の建立を開始する。『皇龍寺九層木塔刹柱本記』によれば、慈蔵が帰国するに際して、園香禅師が彼に、もし皇龍寺に九層の塔を建てれば「海東の諸国」は「汝の国」に降《くだ》るだろうと述べたからである。(7)「海東の諸国」というのは唐から見てのことで、つまり百済と倭国のことだ。こうして新羅・皇龍寺は臨戦体制のシンボルとしての九層の塔の建立を開始し、護国寺院としての性格をまとうようになった。

ところが、『刹柱本記』および『三国遺事』によれば、皇龍寺の九層の塔建造に際して、百済の技術者「大匠《たいしょう》阿非《あひ》」および多くの「小匠」の援助を得たことになっている。むろんこの伝承に対して、「そもそも皇龍寺の九重塔の建立は六四二年の百済の大攻撃で窮地に陥ったことを打開するために、護国のシンボルとして発願されたのであるから、その建立を百済の大臣阿非が主導したというのは不自然な感が否めないし、果たして武力抗争のまっただ中にあった敵国百済から有力な工匠を招聘するようなことをするのかもはなはだ疑問である」として、『刹柱本記』を「事実の忠実な記録とは考えにくい」とする意見もある。(8)

当時の政治・軍事状況を想うと、このような意見が現れるのも不思議ではない。しかし、考古学的な調査によって、百済の弥勒寺と新羅の皇龍寺と、「両寺院の木塔基壇の築造方式においては……様々な部分で共通点のあること」が解明されており、少なくとも部分的には百済の工匠阿非が、新羅にとって技術的に困難な問題解決に参与したことは確かなようだ。(9)

しかしもしそうであるとすると、新羅は百済の技術者を招くことに抵抗を感じなかったのだろうか。だが、おそらく、こうした問題の提出の仕方がまちがっているのかもしれない。

皇龍寺は、最初から、敵国高句麗の僧恵亮《えりょう》の住寺とするために建立され、真平王時代には聖徳太子や百済・武王と連携をとりつつ東アジア平和構築の仏教センターとして機能してきた。いま、百済の侵攻を受け護国寺院としての性格をもたねばならなくなったけれども、新羅政権が唐の援助を求めざるをえなかった場合と同様に、それはいわばいやいやの、自らの意志に反してのことだった。だから九層の塔建立においても、百済の技術者を招き、両国の共同性の跡をも残しておきたかったのではあるまいか。新羅は、遠国唐と組んで隣国百済と戦うことを、悲しみのなかで選択せざるをえなかった。

倭国においても、こうした新羅の心情を理解する政治勢力があった。むろん、それは上宮王家を中心とする勢力である。

六四二年、百済は大軍を動かして新羅西南部の旧伽耶地域に侵攻したが、百済宮と百済寺を造営する舒明・皇極政権に戦争体制への連動を求めていたのにちがいない。その時、おそらく山背大兄王《やましろのおおえのおう》はこの百済との連動に対して正面から反対したのだろう。翌年の惨劇がこのことを証している。

『日本書紀』皇極二年（六四三）十一月一日の条（引用文中の括弧は著者）。

蘇我臣入鹿、小徳巨勢徳太臣《こせのとこたのおみ》・大仁土師娑婆連《はじのさばのむらじ》を遣《や》りて、山背大兄王等を斑鳩に掩《おそ》はしむ。是に、奴三成、数十の舎人《とねり》と、出でて拒《ふせ》き戦ふ。土師娑婆連、箭《や》に中《あた》りて死ぬ。……山背大兄、……其の妃、并《ならび》に子弟等を率て、間を得て逃げ出でて、生駒山に隠れたまふ。……入鹿、……軍将等を遣りて、生駒に求めしむ。……是《ここ》に、山背大兄王等、山より還りて、斑鳩寺に入ります。軍将等、即ち兵を以て寺を囲む。是に、山背大兄王、三輪文屋君をして軍将等に謂《かた》らはしめて曰はく、

吾、兵を起して入鹿を伐《う》たば、其の勝たむこと定し。然《しか》るに一つの身の救に由りて、百姓をやぶり害《そこな》はむことを欲せじ。是を以て、吾が一つの身をば入鹿に賜ふとのたまひ、終《つひ》に子弟・妃妾と一時に自ら経《わな》きて（首をくって）、倶《とも》に死せましぬ。

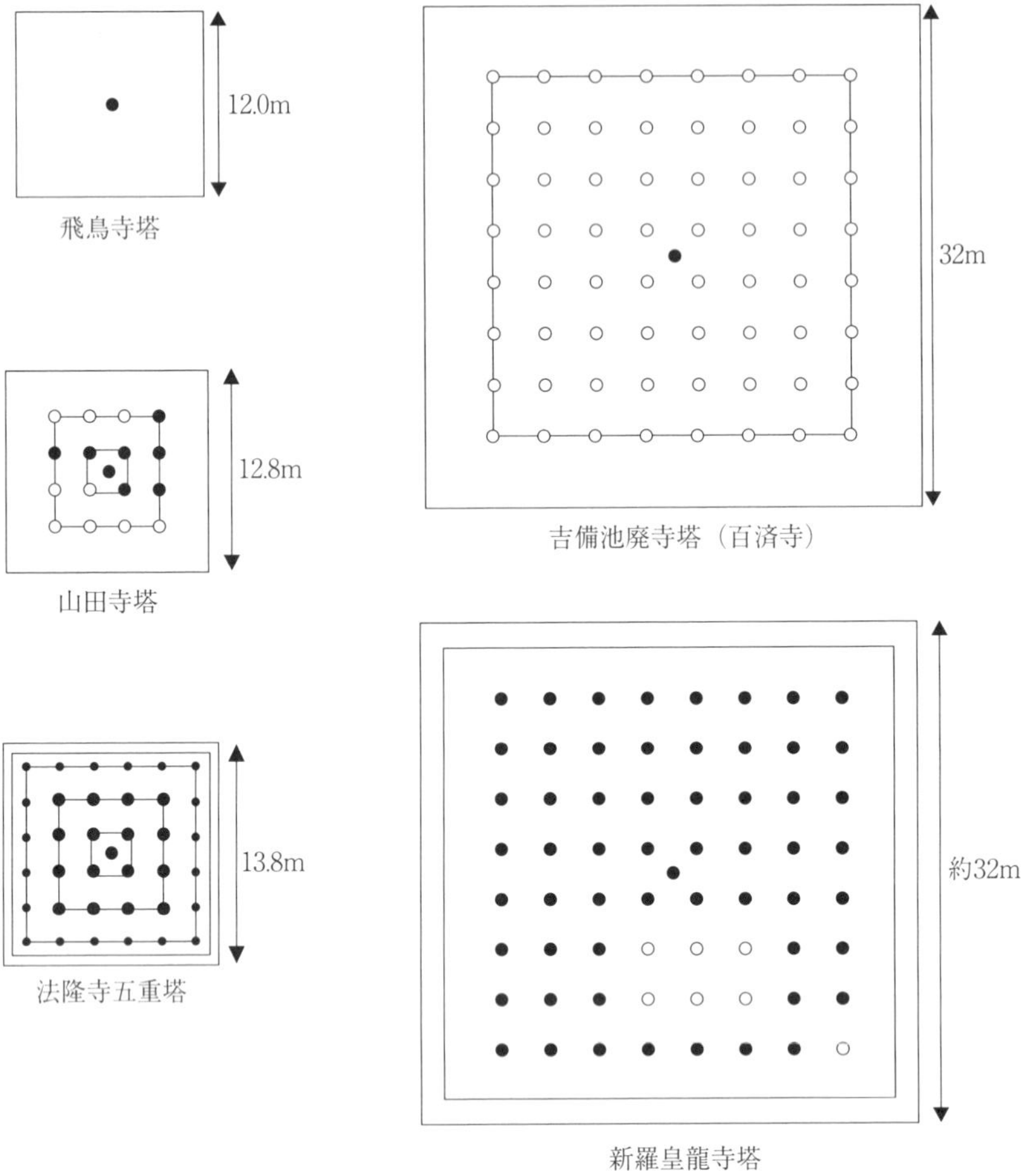

図7　塔基壇の比較

木下正史『飛鳥幻の寺、大官大寺の謎』95頁

(1)　仁藤淳史「『斑鳩宮』の経営について」、『国史学　一四〇』一九九〇年
(2)　池田温「裴世清と高表仁」、日本歴史学会編『日本歴史（二八〇）』吉川弘文館、一九七一年
(3)　泉森皎《こう》『大和古代遺跡案内』吉川弘文館、二〇〇一年、一四四 - 一五七頁
(4)　小澤毅「飛鳥の朝廷」、「飛鳥の寺院」、森公章編『史跡で読む日本の歴史3　古代国家の形成』吉川弘文館、二〇一〇年
(5)　熊谷公男「日本百済大寺の造営と東アジア」、『東北学院大学論集　歴史と文化　四〇』二〇〇六年
(6)　前川明久『日本古代政治の展開』法政大学出版局、一九九一年、五一 - 五二頁
和田萃《あづみ》『飛鳥』岩波新書、二〇〇三年、七八 - 七九頁
木下正史『飛鳥幻の寺　大官大寺の謎』角川書店、二〇〇五年、一九七 - 一九八頁
(7)　濱田耕策『新羅国史の研究』吉川弘文館、二〇〇二年、二二七 - 二三一頁
(8)　熊谷公男、前掲論文、二四七頁
(9)　朴待男「韓国三国時代における仏教寺院木塔跡の考察」、前掲雑誌『歴史と文化　四〇』
金妍秀「六～七世紀韓国の仏塔と舎利荘厳」、前掲雑誌『歴史と文化　四〇』

八章

天平時代の聖徳太子復権

一　復権のプロセス

上宮王家の滅亡から二年後、改新のクーデターが起きて蘇我入鹿が大極殿で殺され、蝦夷《えみし》も自害した。ただちに孝徳天皇（在位六四五－六五四）が即位した。即位して二か月後、仏法興隆の詔が出された。驚くことに、その詔は、仏法興隆の功労者として、蘇我稲目と蘇我馬子とを名をかかげて賞賛するものだった（『日本書紀』大化元年八月八日の条）。

その意図が蘇我派豪族の収攬《しゅうらん》にあったのか、それとも百済寺九層の塔が象徴する仏教・外交政策継承の宣言だったのか、あるいはそれ以外の理由によるものなのか、よくわからない。いずれにしても聖徳太子や上宮王家が仏教興隆に果たした役割は、闇のなかに放置されて顧みられることはなかった。改新政権は、対外的には、白村江の戦いへの道を歩んでゆく。

天智八年（六六九）、法隆寺（若草伽藍）は火災で崩れ落ちた。しばらくして、現在の法隆寺西院の位置に、丘すそを削って、再建が企てられた。再建には永い年月がかかった。それというのも法隆寺に奉献され今に残る命過幡名から分かるように、再建の担い手が山部氏、飽波氏、大原氏など斑鳩の中小豪族に限られていたからだ。朝廷は法隆寺再建に関与しなかった。法隆寺はもはや国家を代表するようなトップ・クラスの寺院ではなかった。

養老四年（七二〇）に成立した『日本書紀』には、聖徳太子の関連記事が多く集められ、この時点になると聖徳太子の再評価や神話化が進んでいたことがわかるが、しかし法隆寺は国家的な観点からすればなお二級の地方地方の人間にすぎず、国政上の人間ではなかった。ところが、天平時代に入るとこれまでの状況は大きく変化する。

すなわち、天平十年（七三八）、聖武天皇は法隆寺に食封《じきふ》（収入源）二〇〇戸を給したが、それはこれまで厳格に守られてきた大宝令の規定――たとえ天皇の別勅（特別の勅命）であっても食封施入は五年を超えてはならないという規定――、その規定を破った無期限の永年食封だったのであり、法隆寺に対して、そして法隆寺のみに対しての、超法規的な異例の措置だった。(1)

天平十年という年は、藤原武智麻呂《むちまろ》、藤原房前《ふささき》、藤原宇合《うまかい》、藤原麻呂《まろ》が天然痘で病死し、いわゆる藤原四卿体制が崩壊した翌年にあたり、四卿体制の軍事路線を象徴する諸国の健児《こんでい》制度が廃止された年である。

翌天平十一年、造院司（国家の伽藍造営機関）によって、法隆寺東院つまり夢殿と伝法堂が建立された。伝法堂（講堂）は、聖武天皇の夫人、橘古那加智《たちばなのこなかち》の寄進した建物を増築したものである。(2) 法隆寺東院は、蘇我入鹿派遣軍によって焼滅させられた斑鳩宮の跡地に造営された。(3)

東院以外にも、法隆寺の経蔵、食堂、東大門、綱封蔵《こうふうぞう》は天平時代の建立なので、聖徳太子の復権（国家的評価）とともに法隆寺もまた国家的寺院として、この時期に脚光を浴びるようになったことがわかる。それでは、この聖徳太子復権の経緯や担い手、あるいはその動機などはどのようなものだったのだろうか。

『法隆寺東院縁起』によれば、僧行信が斑鳩宮跡の荒れはてた姿を見て悲しみ、阿倍内親王（聖武天皇息女、のちに孝謙天皇として即位）に奏聞して、上宮王院（法隆寺東院）の建立に至ったという。夢殿にはいまも行信坐像があり、行信が上宮王院創建の功労者であったことは確かだが、なぜ彼は聖徳太子の復権を願い、それを皇室がバック・アップしたのだろうか。行信にとって聖徳太子とはいかなる人物だったのだろうか。

実はこれまで、この問題は十分に検討されてこなかった。というのは、研究史は法隆寺の『東院縁起』と同時に『資財帳』に着目して、そこに光明皇后の母である橘三千代ゆかりの宮廷女性たち多くが寄進しているのを見て、天平期皇室における太子信仰の実質的な担い手をその宮廷女性たちとして考える傾向にあるからだ。たとえば東野治之氏は、「橘三千代に始まる聖徳太子への追慕は、藤原氏をまきこみ、八世紀前半に法隆寺東院の建立となって結実した」とする。(4)

しかし、なぜ三千代が太子信仰を抱いたかと訊くと、三千代の出身地が「太子信仰の一基点となっていたであろう太子墓」に近かったからだ、というだけの根拠の薄いもので、説得性をもたない。それゆえ、三千代ゆかりの宮廷女性が太子信仰の担い手であることを認めるにしても、その理由を別のところ、単なる三千代の影響とは別のところに見る人もある。

光明皇后は、天平五年（七三三）、六年、八年、それぞれ二月二十二日、聖徳太子の命日に、金堂釈迦三尊像に宛て寄進しており、その間、天平七年、阿倍内親王も法華経講読のため施料を法隆寺に納め、翌年、行信が皇后宮職の要人と僧尼三〇〇人をひきいて法華経講読の法会を行った。それ以来この法会は毎年行われ天平十九年（七四七）には「官事」となった。そのため、この問題を研究した若井敏明氏は、「法華経信仰をもつ奈良時代の宮廷女性は同じ法華経の信仰者たる太子を追慕するようになったのでなかろうか」と推測する。(5)

しかし、はたして皇后や内親王を中心とする宮廷女性たちは、本当に法華経の信仰者だったのであろうか。彼女たちが聖徳太子・法隆寺の復権に寄与したことは事実であるけれども、法隆寺食封の施入や上宮王院の建立は皇后宮職が推進したわけではなく、四卿体制以後の聖武天皇・橘諸兄政権の意志にもとづくものだったであろう。

政権中枢部との関連を切って「宮廷女性」の独自な行動を見ようとすることには無理があるのではないか。天平七年および八年の、阿倍内親王発願の大がかりな法華経講読の法会は、『東院縁起』によれば、

「聖徳尊霊及び今見天朝の奉為《おんため》、法花経を講読したまう」

とある。

今見天朝とは聖武天皇のことである。法華経講読は、宮廷女性が女人救済を願って行ったというものではなく、聖徳太子および聖武天皇のためだった。法華経は女人救済の経典として選ばれたわけではなかった。では、なぜ法華経だったのか。

田村圓澄氏によれば、法華経は金光明経などとはまったく反対に、「国王が国土と人民の統治者であることにすら関心を払っていない」のであり、むしろ菩薩たる者は国王などの為政者に親しみ近づいてはならないとされている。つまり法華経は護国経典ではないという。

『法華経』には、『護国』の教説はなく、また怨霊退散の呪願もない。国王の治政に結びつく経典ではなく、苦悩に沈淪する衆生の、つまり一人の凡夫のための経典である。(6)

法華経それ自体の解釈としては確かにこのように言えると思うが、しかし聖武天皇勅願の国分寺の正式名は「金光明四天王護国之寺」であり、国分尼寺は「法華滅罪の寺」である。明らかに金光明経と法華経とは一つのセットの護国経典として位置づけられている。これはどうしたことか。

国分尼寺の正式名が「法華滅罪の寺」だからといって、法華経が、女人の罪の救済経典とみなされたのではな

く、文字通りの滅罪経典として、女人に限らず衆生の滅罪経典とみなされたのである。というのは法華経・観世音菩薩普門品には次のような救済の約束があるからだ。(7)

設《たと》い復《また》、人ありて、若しくは罪あるにもあれ、若しくは罪無きにもあれ、かせ・枷鎖《くさり》にその身を検《とじこ》め繋《つな》がれんに、観世音菩薩の名を称《とな》えば、皆悉《ことごと》く断壊《だんね》して即ち解脱《まぬが》るることを得ん。

或いは枷鎖《くさり》に囚《とら》え禁《とど》められ、手足に手かせ足かせを被《こう》むらんに彼の観音の力を念ぜば、釈然《とけさり》て解脱《まぬが》るることを得ん。

聖武天皇は、治世初期から、牢獄を空《から》にするという仏教理念を抱いていた。牢獄は国家の法・正義を担保するものである。為政者たる者、牢獄の存在を否定するわけにはいかない。しかし聖武天皇のめざすものは、国家の正義にとどまることなく、仏の慈悲・大悲が牢獄にまで及ぶ仏国土の実現である。(8) 国家の支配者として牢獄という法・正義の装置をかかえながら、それを空にすることを願い、「法華滅罪の寺」の全国にわたる建立を勅願する。その聖武天皇のモデルとなる人物こそ聖徳太子だった。

夢殿には、聖徳太子の等身大といわれる観音菩薩像が安置されている。この菩薩像は、通常の菩薩像にはみられない独特な風貌をもっている。

両肩からさらさら流れ落ちる天衣は、次第に魚のひれ状の紋様を広げて台座の両脇で最大となり、またその天衣の、両腕にかかる流れはU字のひだをリズミカルに繰り返しながらそのままひざ元にまで及んで、すっきりと立ち上がる身体を優美に荘厳化している。金銅製の透かし彫りの宝冠と、大きな火焔のような光背がさらにその荘厳化を高める。この、優美に荘厳化された姿で、正面からこちらをじっと見つめる観音菩薩立像の眼は、悲しくあやしく語っていて、その言葉は平均的な人間には聞きとることができない神秘に満ちている。鼻はしっかりと大きく、その下の口唇は分厚くて、法隆寺釈迦三尊像の脇侍の、あの倭人らしき顔立ちとそっくりである。しかしながら、こちらの観音菩薩像の顔は、瞑想とは異質な悲劇性を帯びていて、しかも決して女性的ではない。その生々しい顔貌は、明らかに聖徳太子の顔を再現し観音菩薩と重ねようとしたものにちがいなく、女性的ではないばかりか造像の約束上のパターンからもほど遠く、様式化されることを拒絶している。そのさし迫る表情は、この観音による救済が、観念上のものではなく、もっと地上的な、身体的なものであることを示しており、国家の中心的な担い手でありながら、その国家に押しつぶされてゆく人びとを両手で受けとめようとした聖徳太子の、その矛盾を昇華しようとする一瞬の表情をとらえたもののように見える。

夢殿を建立した行信や皇室の人びとは、聖徳太子を観音菩薩と重ねあわせた。その経緯は分からないが、おそらく、聖徳太子が国権の中枢にありながらその慈悲・大悲は牢獄にまで及んでいたと思われたからであろう。こうした聖徳太子イメージの背景の一つに、片岡遊行伝承があったのではないか。『日本書紀』推古二十一年の条。

　十二月一日、皇太子、片岡に遊行す。時に、飢えた者道のほとりに臥《こや》せり。仍《よ》りて姓名を問ひたまふ。而るに言《もうさ》ず。皇太子、視して飲食を与えたまふ。即ち衣装を脱きたまひて、飢えた者に覆《おほ》ひて言わく、安《やすらか》に臥せ、と。即ち、歌ひて曰はく、

しなてる　片岡山に　飯《いひ》に飢《え》て　臥《こや》せる　その旅人あはれ　親無しに　汝生《なれな》りけめや　さす竹の　君はや無き　飯《いひ》に飢《え》て　臥《こや》せる　その旅人あはれ

天平時代、このような旅人の姿は律令国家の強制により諸国から平城京へ集められた人びとと重なって見えた

だろう。行基集団はそのような人びとを救済しようとし、聖武天皇はそれまで迫害されてきたその行基を、大僧正に抜擢したのだった。

光明皇后や阿倍内親王が、「聖徳尊霊及び今見天朝の奉為《おんため》」法華経の講読の法会を企画したのは、その功徳によって、聖徳太子および聖武天皇の、牢獄を空にするという願いの実現を祈願したからだったと思われる。

ただし、聖武政権の聖徳太子復権理由は、以上の事柄に尽きるわけではない。僧行信が、聖徳太子を崇敬するに至ったのは、さらに別の理由もあった。しかし、そもそも行信とは何者だったのだろうか。

二　行信

行信は元興寺僧だった。元興寺はもともとは法興寺（飛鳥寺）だったから、行信は飛鳥寺にかかわる聖徳太子の伝承をよく知っていただろう。

天平十年（七三八）、聖武天皇が法隆寺にあの超法規的な永年食封《じきふ》を与えた年、律師に任じられている。律師は僧綱《そうごう》（僧尼を統轄する僧官職）に属する地位なので、薬師寺に常住することになった。養老六年の太上官奏によって薬師寺が僧綱所と定められていたからである。元興寺僧行信が、時には、薬師寺僧行信と呼ばれるのはこのためである。

天平十六年（七四四）の時点では、すでに僧都《そうず》の地位に昇進している。前年には大仏造営の詔が出されている。天平十九年（七四七）は、大仏鋳造が開始され行基が大僧正となった年であるが、この年に作成された奈良大寺の資財帳には、行信は僧綱所の佐官（事務官）を統轄する大僧都として現れ、僧綱所の実質的な長官だった。

天平勝宝元年（七四九）、行信は勅命によって、左大臣橘諸兄と右大臣藤原豊成とともに、一二の大寺に墾田を施入し、経典の転読講説をさせており、政権の中枢にいたことが分かる。この年大仏本体の鋳造が終わり、聖武天皇が譲位して阿倍内親王が孝謙天皇として即位した。

以上の略歴から分かるように、行信は大仏造立政策を僧綱の側から支えており、大仏造立の進行とともに昇進し、聖武天皇および皇太子阿倍内親王の信頼は厚かった。

ところが、その皇太子が即位してから六年後、聖武太上天皇の病気が重いとき、僧綱トップの地位にいた行信は突然、解任され、下野薬師寺に配流された。理由は、人を呪う厭魅《えんみ》を行ったというものだった。『新訂増補国史大系第二巻　続日本紀』天平勝宝六年十一月二十四日の条。(9)

　薬師寺僧行信、八幡神宮主神《やはたのかむみやのしゅじん》　大神朝臣《おおみわのあそん》多麻呂等と意を同じくして厭魅す。所司に下して推勘《すいかん》するに、罪は遠流に合す。是において中納言多治比真人広定を遣《や》り、薬師寺に就き詔を宣す。行信を以て下野薬師寺に配す。

かつて、この「薬師寺僧行信」と僧綱の中心に立つ大僧都行信とは別人であるとする意見もあったが、今では同一人物であることが認められている。(10)この厭魅事件のため、研究者の間で今でも行信という人物に対する偏見が後を絶たない。

たとえば大山誠一氏は次のように言う。

「天平勝宝六年（七五四）には、薬師寺の僧行信として、厭魅を理由に下野《しもつけ》国の薬師寺に配流された人物である。厭魅とは、人を詛《のろ》う呪《まじな》いである。そういう怪しげな人物だったのである」。(11)

また森田悌氏も言う。

「行信は……厭魅により下野国薬師寺（栃木県河内郡南河内）に流されている。陰謀家の様相があったようであり、巧みに光明皇后にとりいることをしていたらしい」。(12)

大山氏や森田氏は文献資料に対する批判を尊重する立場だが、行信資料に対してはこのように無批判的な態度で偏見に流されている。

なぜこのような偏見に注意しなければならないかといえば、行信は聖徳太子復権の中心人物なので、その人物が偏見でおおわれると、復権の意味も見失われることになるからだ。

法隆寺東院夢殿に、等身大の肖像彫刻、行信僧都坐像が安置されている。

肩幅が広く、がっしりとした重量感のある坐像で、僧衣の衣紋も堂々とした体軀にそってゆるやかに流れる。丸くややとがった頭部の、耳の上あたりに血管が浮き出ているのが見え、額には二本の曲線の皺の刻みがあり、その下の、細長く極端につり上がった両眼は迫りくる戦いのときの獣の目のように鋭敏で、じっと前を凝視する。鼻は力強く頬の肉を引き上げ、口唇は厚くしっかり結ばれ、行為に踏みだす時を待つかのようで、今はただ大きな両耳を澄ましている。

『邂逅』と題する入江泰吉氏の写真集では、暗黒を背景にする行信坐像は、左なめ上からスポットライトの光を受けて、豪壮でありながら繊細な姿をレンブラントの絵のように浮かびあがらせる。(13)

入江泰吉氏の丹念な行信映像とは趣を異にして、土門拳氏は、余分なもの一切をかき消す暗黒のなかの、乏しい光を受ける行信の緊迫した姿をとらえている（序章注七）。その写真映像のなかの端坐する行信は、黒々とした闇を凝視しているが、しかしよく見ると黒の世界は、ちょうどラインハートの「黒色絵画」のように、濃淡の形象を内に秘めていて、行信はそれを見きわめようとしているかのようだ。おそらく土門氏は、行信の鋭くつりあがった切れ長の眼のなかに、彼がいつも闇を、人の心の奥の闇を見つめていたことを思った。その行信の「面相」を正面から写す大胆な拡大写真では、たしかに行信の眼は対坐する者の心を抉り出すように鋭く、そして短く太い鼻梁《びりょう》と大きな鼻翼の息づかい、ぶ厚くしっかり閉じた口唇と口元の、ギラギラと脂ぎった様子、この、ほとんど憤怒に近い形相は、意志と生命力がみなぎり、冷静でいて激情的、しかもじっと耐える力をもつ男の顔だ。

行信の仕える聖武天皇は、仏国土実現のために壮大なヴィジョンを抱いていたが、行信はその聖武天皇を僧綱《そうごう》の側から支えるにふさわしい人物で、決して厭魅《えんみ》というふうな姑息な手段を弄する人間ではない。むしろ聖武天皇が再起不能になったとき、女帝の陰で行信の追い落としをたくらむ政敵の方こそが厭魅のような行為に親しかったであろう。

しかしこの政敵はなぜ行信の失脚をねらったのだろうか。

失脚したのは行信だけではなく、行信と意を同じくしたかどで「八幡神宮主神大神朝臣多麻呂《やはたのかむみやのしゅじんおおみわのあそん》」も失脚した。その三日後、「従四位下大神朝臣杜女《もりめ》」も多麻呂と同じく「朝臣」という貴族名を奪われて、日向国に配流された。多麻呂も杜女も八幡神に仕える神官である。天平二十年（七四八）八月、宇佐八幡神は聖武天皇の東大寺大仏造立を全面的に援助するという神託を下し、翌年の天平勝宝元年、多麻呂と杜女はその神託をたずさえて上京し、譲位後ほどない聖武太上天皇、皇太后光明子、孝謙天皇による盛大な歓迎のなかで東大寺に参拝した。その大きな歓迎の理由は、当時、伊勢神宮とそれに結びつく勢力は大仏造立政策に難渋を示していたのであるが、八幡神の使者の上京によって、神と仏の矛盾という問題はいっきょに打開されることになったからである。(14)

したがって、多麻呂や杜女と同じく行信が失脚したのは、彼が聖武天皇の大仏造立政策の中心人物だったからである。

聖武天皇は、天平十五年（七四三）、大仏造営の詔を発し、翌年、造兵・鍛冶の二司を廃止し、武器を造るかわりに、その金属で大仏を鋳造することを決意した。当時、日本と新羅との関係はきわめて悪化しており、双方の側に軍国主義の強硬路線が台頭していた。聖武天皇はこの戦争推進路線を切り捨て、大仏造営によって、新羅と日本の間に、大仏の下での平和を築こうとした（この点は前著『東大寺大仏と日本思想史』のテーマなので繰り返しは避けたい）。今問題なのは、この聖武天皇の、造兵・鍛冶の二司を廃止して新羅と日本の平和の象徴として大仏を鋳造するという大胆な構想はどこから出てきたのか、ということである。

もちろんそれは、行信を中心とする聖武天皇の僧俗側近にほかならないだろう。元興寺僧行信は、かつて聖徳太子がイニシアチブを取って飛鳥大仏を造立し、この大仏のもとで東アジア全体の平和を構想し、また実践したことを知っていたにちがいない。彼がかつての斑鳩宮の跡が荒れ果てているのを見て涙を流したのも単なるセンチメンタルな感傷ではなくて、上宮王家の滅亡とともに仏教による東アジア平和構築の道が閉ざされたことを想ってのことだった。それゆえに、斑鳩の地で法隆寺を復興させ、聖徳太子・上宮王家の偉大な意義を高く掲げるために上宮王院を建立することは、東大寺大仏造立政策の理念と密接に結びついていた。聖徳太子の復権なしては、大仏の下での平和の思想を立ちあげることはできなかった。その思想、その理念は、聖徳太子に由来するからだ。

「聖徳尊霊及び今見天朝の奉為《おんため》、法花経を購読したまう」。

阿倍内親王発願の法華経講読の法会は、聖徳太子と聖武天皇を並置している。おそらくその発想は行信に由来している。彼は聖武天皇が第二の聖徳太子になることを願った。つまり、牢獄にまで仏の慈悲が浸透してゆき、そして大仏の下で東アジアの平和が実現することを願った。その願いを聖武天皇に託したのである。

三　慧思後身説と鑑真

天平勝宝八年（七五六）、聖武太上天皇が崩じた。行信配流から一年半後のことだった。藤原仲麻呂は、政治の実権を掌握し、孝謙天皇を廃位し、これまでの平和政策を放棄して儒教を軸にした軍事国家の構築を推進した。新羅侵攻のためである。

天平宝字八年（七六四）、聖武崩御から八年後、戦争体制が整い、新羅に五〇〇艘の軍船で進撃する直前、かつての孝謙天皇と聖武以来の側近グループによるクーデターが起き、藤原仲麻呂（恵美押勝）は敗死して仲麻呂政権は瓦解した。孝謙は称徳天皇として再び即位した。その後、当然、厭魅《えんみ》の理由で配流されていた多麻呂や行信は免罪となった。が、しかし時はすでに遅く、おそらく行信は下野国薬師寺で死んでいた。行信の弟子たちは行信僧都坐像を造り、法隆寺夢殿に安置した。つまり行信と、彼の崇敬する聖徳太子の名誉を回復した。

再び即位した称徳天皇は、記録に現れるかぎりでは、神護景雲元年（七六七）と同三年に法隆寺に行幸し、「飽波宮《あくなみのみや》」に宿泊している。

平成三年度の上宮遺跡発掘調査では、かつて蘇我入鹿派遣軍によって焼滅させられた「飽波葦垣宮《あくなみあしがきのみや》」の跡地から「飛鳥朝の土器の完形品等が多く出土」したが、その同じ調査地で「奈良時代の大型の掘立柱建物群」の跡が発見され、さらに「平城宮使用瓦と同笵《どうはん》の軒瓦の大量出土」があった。その後、平成二十三年度現在、東西

二一メートル・南北一二メートルの「主殿」を中心にコの字型に整然と配置された八棟の掘立柱建物跡が見つかっている。(15)

すなわち、称徳天皇は即位すると同時に、聖徳太子が晩年を過ごした「飽波葦垣宮」の跡地に「飽波宮」の造営を行ったのであり、聖徳太子および法隆寺を国家の観点から復権したのだった。

称徳天皇が神護景雲元年に飽波宮に行幸した時、称徳政権成立の立て役者で兵部大輔兼侍従であった淡海三船は、「扈従《こじゅう》聖徳宮寺」と題する五言古詩を作っているが、その詩収録の「伝述一心戒文序」のなかで次のように述べている。

隋代南獄衡山に思禅《し》師有り、常に願って言う、我没後、必ず、東国に生まれ、仏道を流伝せん。其後、日本国に聖徳太子あり。……時の人皆云う、太子はこれ思禅師の後進也。(16)

思《し》禅師とは天台智顗の師、慧思《えし》のことである。称徳政権の公認の太子像は、太子が慧思の生まれかわりだというものだった。しかし、よく知られているように、聖徳太子が慧思の生まれかわりだという伝説は、そもそもは法進や思託など鑑真の直弟子の間から生まれてきたものである。なぜ彼らは聖徳太子と慧思とを重ね合わせたのか。

鑑真とその一団が天平勝宝六年（七五四）に平城京に到着したとき、聖武太上天皇以下、四三〇余人が受戒した。二年後、天平勝宝八年、聖武崩御と同年のことだが、鑑真は大僧都に任ぜられた。しかしさらにその二年後、天平宝字二年（七五八）、鑑真は突然、僧綱の任を解かれた。

『続日本紀』天平宝字二年八月の条。

其《そ》れ大僧都鑑真和上は戒行転《うた》た潔《きよ》くして、白頭まで変せず。遠く滄波《そうは》を渉《わた》りて、我が聖朝に帰す。号して大和上と曰《もう》して恭敬供養し、政事《まつりごと》の煤煩《そうはん》に敢へて、老《おい》を労せざれ。僧綱の任を停《とど》むべし。諸寺の僧尼を集めて戒律を学ばむとする者は、皆属して学はしめよ。

一見すると詔書は鑑真を賞賛しているようだが、実はまったく逆で、年老いたので「政事」から身を退け、と、命じているのである。

天平宝字二年という年は仲麻呂が実権を握り、本格的に軍事路線を敷設し始めている時期である。鑑真は、聖武天皇の大仏造立による戦争放棄・仏国土建立の理念に協力するために渡日した。真実の仏国土を実現するためには、戒を受ける僧俗の、真心をこめた受戒の心構えが必要であろうし、そのためにはまた戒を授ける側もあたかも仏そのもののようなカリスマ的授戒師であることが望まれた。

それゆえ鑑真はカリスマ的授戒師として招請されたのであるが、その招請に応じたのは鑑真が天台智顗の法脈をつぐ人でもあったからである。すでにみたように、天台智顗は陳・隋の帝師として最後まで仏教が戦争イデオロギーに転化することに戦った人である。天台智顗の仏教の真髄は、戦争の時代に、戦争と争いを根底からなくす理論と心情を極めた点にあった。この法脈を受けつぐ鑑真とその一団は、聖武天皇の招請に、五回の渡海失敗と鑑真の失明という苦難を越えて、応じた。そして渡日してから、聖武天皇の大仏造立の理念が、行信によって復権された聖徳太子に由来することを知った。それゆえ、鑑真が失脚し没した後、弟子たちは鑑真の祖師天台智顗、その師慧思と聖徳太子とを結び合わせた。鑑真グループの理念と聖武天皇グループの理念は重なりあい、だからこそそのルーツを同一としたのである。この時慧思は聖徳太子に生まれかわった。両者は同一人物となった。

唐招提寺御影堂に鑑真和上坐像がある。

土門拳氏は、この鑑真像に関して、「盲目の眼をとじ、口辺に不精髭をはやした即物性は、何よりもこの戒律の師を追慕する弟子たちの深い愛惜の念が生んだとすべきである」という立場から、屏風《びょうぶ》ないしふすまの絵を背景にして三段の椅子に着座する像を写し出している。(17) つまり土門氏は行信像の場合とは違って、みずから鑑真に肉迫しようとする芸術的衝動を抑制して、かつて弟子たちが対坐したときの、弟子たちにとっての、鑑真像を再現しようとした。

しかしこの肖像彫刻がどこまでも写実に徹しきっているのは、示寂後もそのままの姿で側《そば》にいていただきたいと、これまで渡海の運命をともにしてきた弟子たちが願ったからではなく、少なくともそれが主動機だったからではなく、仲麻呂時代に一度失脚した鑑真の名誉を回復し、その偉大さを顕彰するためには、生前の姿そのままを再現するほかはなかったからである。写実による実像のみが鑑真の精神の深さを表すことができる。

ただし、言うまでもないが、いかなる写真であろうと、見る眼によって、受ける印象は違ってくる。『奈良六大寺大観』の「唐招提寺」には数枚の鑑真像があるが、そのうちの一枚は、左斜めから上半身のみを拡大した写真で、鑑真の内面に迫ろうと試みている。おそらく全体の坐像をとらえようとすると、どうしても形に意識が向かい、その分、内面把握が弱くなるからだろう。この写真とほぼ同じ角度の上半身像を入江泰吉氏も撮影しているが、両者から受ける印象はだいぶ違う。

『奈良六大寺大観』のカメラは、うすい灰色一色を背景にして、脱乾漆の素材性さえも写し取るほどくっきりと、瞑目する鑑真の顔貌を写し出す。モノクローム写真のせいもあって、ほほ骨の下がやや深く窪み、また鎖骨と首の間の溝も強調されて、その顔は悲壮感をただよわせ、知性的で威儀深く見える。それに対して入江氏の鑑真は、黒一色を背景にして、右上から落ちる光を受け、胸元を開いた朱色の、リズミカルで幅広なひだの僧衣を着て、その上の肩からは群青色の袈裟《けさ》が流麗に流れ落ちている。顔や胸元のごつごつした骨の感覚は弱められ、僧衣の色あいに呼応して穏やかで、明るくさえある心の自然な流れを浮かび出す。この相貌をじっと見ていると、鑑真にとって戒律とは決して歯をくいしばるような意志の営為ではなく、もっと自然な魂の解放の道だったように思えてくる。(18)

『奈良六大寺大観』の鑑真も入江氏の鑑真も、大きな印象の違いはあるけれども、いずれも鑑真その人の内面の姿を伝えるものであるのだろう。厳しさと穏やかさは矛盾するとは限らないからだ。しかし、対象が同一なのだから『奈良六大寺大観』と入江氏とが共通にとらえる面ももちろんある。

禅定《ぜんじょう》する鑑真はすでに七六歳に近づいているが、ふしぎに老齢さは感じられない。端坐し瞑目する姿は、僧衣のおおう頑健な骨格でささえられ、禅定が現世からの逃避とは反対に、力強い精神の知的な営みであることを示している。鑑真坐像は静けさでつつまれてはいるが、外に開かれた心の緊迫感で満ちていて、鑑真の生涯が仏からの使命に徹したものだったことを語っている。鑑真はイスラエルの預言者のごとく荒野で絶叫するわけではないが、内省的な情熱によって決して諦めることなく荒野を歩みつづける。使命をはたすためである。

（1）近藤有宜「法隆寺東院の救世観音像安置について」、日本歴史学会編『日本歴史（六五三）』吉川弘文館、二〇〇二年
（2）浅野清『法隆寺の建築』中央公論美術出版、一九八四年、一〇九－一一二頁
（3）国立博物館編『法隆寺東院に於ける発掘調査報告書』、一九四八年、七五－七六頁
（4）東野治之「初期の太子信仰と上宮王院」、石田尚豊編『聖徳太子事典』柏書房、一九九七年
（5）若井敏明「法隆寺と古代寺院政策」、『續日本紀研究（二八八）』一九九四年
（6）田村圓澄『法華経と古代国家』吉川弘文館、二〇〇五年、二一五、二九六頁
（7）坂本・岩本訳注『法華経　下』岩波文庫、一九六七年
（8）磯部隆『東大寺大仏と日本思想史』大学教育出版、二〇一〇年、第一章第二節
（9）黒板勝美編『新訂増補　国史大系第二巻　続日本紀』吉川弘文館、二〇〇〇年
（10）増尾伸一郎「上宮王院と法隆寺僧行信」、吉田一彦編『変貌する聖徳太子』平凡社、二〇一一年
（11）大山誠一『聖徳太子と日本人』風媒社、二〇〇一年、二七、一六六頁
（12）森田悌『推古朝と聖徳太子』岩田書院、二〇〇五年、二二九、二三二頁
（13）入江泰吉『邂逅』近畿日本ツーリスト、一九九五年
（14）磯部、前掲書、第一章第三節
（15）「平成三年度　奈良県内市町村埋蔵文化財発掘調査報告会資料」一九九二年
斑鳩町教育委員会、斑鳩文化財センター編『飛鳥時代の斑鳩と小田原』展示図録、二〇一二年
（16）飯田瑞穂「聖徳太子慧思禅師後身説の成立について」、森博士還暦記念会編『対外関係と社会経済』塙書房、一九六八年
（17）土門拳『古寺巡礼　第二集』美術出版社、一九六五年
（18）『奈良六大寺大観　第一三巻』岩波書店、一九七二年
入江『邂逅』前掲書

九章

天寿国繡帳と「世間虚仮、唯仏是真」

「世間は虚仮《こけ》にして唯仏《ただ》のみ是《こ》れ真なり」。

これまで聖徳太子の思想と行動を、倭国古墳文化・政治体制の変革および東アジアの平和構築という観点から見てきた。前章の天平時代における聖徳太子復権のテーマも、政治家・宗教家としての太子の事跡再発見という角度からの、これまでの論述の補完でもあった。

ところで、聖徳太子の研究史においては、天寿国繡帳《しゅうちょう》のなかに遺された太子の言葉、世間虚仮、唯仏是真を根拠にして、太子における政治と宗教との内面的関連を断ち切ってしまい、太子を日本思想史上、最初の純粋なる宗教者としてのみ評価しようとする動向がある。

たとえば、田村圓澄氏によれば、繡帳に遺された言葉は「太子の人生告白」であって、「人間世界を否定して仏に帰依する心情の表白であり」、また「日本人の仏教受容の内面性の表現として」注目すべきであるという。(1)

あるいは直木孝次郎氏によれば、太子は晩年「政治的に失意の状態であった」ので、「仏教の信仰に沈潜」し、繡帳《しゅうちょう》の言葉を遺したという。「厩戸皇子が悟りの境地に達したと見ることもできるが、政治の空しさを知り、仏に頼らざるをえなかったことの告白ではあるまいか。そう思ったとき、胸中にはじめて厩戸への親愛の情がわいてきた」。(2)

このように、聖徳太子において初めて仏教は内面的・精神的なものとして受容されたというふうに位置づけられると、太子における政治と宗教との分断という問題にとどまらず、倭国仏教受容史に関しても根本的な問題が生じることになる。つまり、簡単にいえば、聖徳太子以前の倭国の仏教は本物の仏教ではなかった、とされることになる。こうした見方はほとんど通説ともいうべきもので、いくつかその例をかかげておきたい。

> 超地域的＝超氏族的性格を内容とする仏教も、伝来当初は、祖先崇拝に重点を置く氏族仏教に変容せしめられていた（田村圓澄氏）。[3]
>
> 日本古来の祖先崇拝とも関連して仏教が受容されるに至ったと見るべきであろう（平岡定海氏）。[4]
>
> 飛鳥寺は蘇我氏の祖霊を祀り、その霊験（呪力）によって現世の蘇我一族に繁栄を及ぼすことを目的とした寺であり、その限りにおいてまぎれもなく蘇我氏の氏寺であった（加藤謙吉氏）。[5]
>
> 推古二年の三宝興隆の詔を契機に造寺活動が活発化するが、それを支えたものは諸氏の族長らであり、当時の仏教信仰には氏族仏教という性格が認められる（森田悌氏）。[6]
>
> 新しい渡来文化として伝わった仏教は、その伝来以前の中国において、すでに七世父母や眷属《けんぞく》などへの追善も主要な信仰形態の一つとなっており、日本にあった固有の祖先信仰とは比較的容易に溶けあったと思われる。そしておよそ仏教的とは考えがたい氏寺という形で発展していくが、これは各豪族がそれぞれ奉祭していた氏神と共通する理念で仏教をとらえたからにほかならない（前園実知雄氏）。[7]

すなわち聖徳太子以前の仏教は、氏族の祖先崇拝と融合した仏教ならざる仏教、偽りの仏教だったというのである。しかし、仏教と祖先崇拝とを結びつける「氏族仏教」という概念には問題が多い。

ある氏族が寺院を建立したとしても、その氏族の祖先が崇拝の対象となるのではなく、祖先や亡父母が仏に導かれ仏に救われるのを祈念してのことで、崇拝の対称は仏である。だから仏教寺院建立の担い手が氏族であっても、その仏教はいわゆる「氏族仏教」ではない。むろん氏族という団体がなくなるわけではないが、仏教に媒介されることによって、これまでとはちがった観念形態をまとうことになる。

いずれにしても通説の見方では、そもそもなぜ仏教が倭国に導入されたのか分からなくなる。本書で一貫して見てきたように、仏教の導入は氏族の祖先崇拝や擬制血縁的な共同体形成原理を打破するためだったし、それゆえにまた氏族の側からの強力な抵抗を引き起こすことにもなった。こうした本書の立場およびこれまで見てきた聖徳太子における政治と宗教との内面的関連をもう一度確かめるためには、どうしても天寿国繍帳《しゅうちょう》に遺された太子の言葉に向かわなければならない。

天寿国繍帳は、聖徳太子の没後、妃橘大女郎《たちばなのおおいらつめ》がその死を悼み、太子が再生した天寿国を刺繍によって描かせたものであるという。そして太子の言葉はこの刺繍に縫いこまれた銘文のなかにある。

言うまでもないが、世間虚仮、唯仏是真という短い断言ふうの言葉は、その短さゆえに意味解釈において主観的にならざるをえない。しかし、少しでも主観性を回避するために、繍帳銘文およびわずかに残された図柄についてのこれまでの研究史の成果を参照して、はたして太子の言葉が政治から宗教への逃避や単なる仏教的無常観、あるいは政治と宗教との分断を示すものだったのかどうか、検討を加えてみたい。

一　銘　文

繍帳銘文四〇〇字は、『上宮聖徳法王帝説』のいくつかの写本によって伝来し、現在では飯田瑞穂氏の厳密なテキスト・クリティークによって復原されている。(8)

銘文の前半（二二二字）は、聖徳太子と妃の橘大女郎との長い出自系譜である。後半（一七八字）は、天寿国繍帳の作製にいたった経緯である。

（一）出自系譜

銘文四〇〇字は、大橋一章氏の研究によれば、亀の甲の図に四字ずつ刺繡され、繡帳全体の図像のなかに、他の図柄と同じように重要な意匠（デザイン）として、点々と縫いこまれていた。(9) すなわち銘文は、単なる説明や追記ではなく、それ自体が見られることを意図して繡帳の内側全体にわたって描きこまれていた。一体それはどうしてなのだろうか。

銘文前半の長い出自系譜に関しては、文化人類学の系譜研究の方法を歴史学に適用して分析した義江明子氏のよく知られた論文がある。(10)

その結論のみを紹介すると、この出自系譜は、「太子と大女郎の婚姻関係を焦点として、両者のそれぞれの三〜四世代以前からの双方的親族関係を」「まことに整然とした順序で対称的に書き記したもの」である。具体的には、この繡帳銘文のなかの系譜は、太子と妃とが、「欽明に始まる王統」と「稲目に始まる蘇我氏」とに「何重にも両属することを語る系譜なのである」。

こうした系譜のあり方は、七世紀末以前の推古朝期に独自なもので、「豪族相互および王権と豪族の政治的同盟関係」を表現する。したがって、義江氏の研究にもとづけば、繡帳の系譜は、欽明系譜の王統と蘇我氏との緊密な政治的同盟関係を表現しているということになるだろう。まるで繡帳は、長い系譜を縫いこむことによって、この政治的同盟関係を他の豪族に対して高らかに掲げているかのように思われる。橘大女郎が自分自身にこのような系譜を語る必要はないからである。

（二）経　緯

繍帳銘文の後半は、繍帳の作製にいたった経緯である。その骨子をたどってみる。

辛巳《かのとみ》、太子の「母王崩ず」。二か月後、「太子崩ず」。太子妃大女郎《おおいらつめ》、悲哀嘆息し、「天皇」の前に申し上げる、「我が大王と母王」、期するがごとくにみまかり、痛酷たぐいなく、「我が大王告ぐ所」「世間虚仮、唯仏是真」に考えをめぐらしていると、「我が大王」が天寿国に往生したことに想いは至ったが、その国の形は見難く、せめて図像によって「往生の状を観むと欲す、と」。「天皇」、聞きて悲しび、告げて言わく、「一人の我が子有り、啓《もう》す所誠に以《も》って然《しか》りと為す」と。

「諸の采女《うねめ》等に勅して、繍帳二帳を造らしむ。画者は東漢末賢《やまとのあやのまけん》、高麗加西溢《こまのかせい》、又、漢奴加己利《あやのぬかこり》、令者は椋部秦久麻《くらべのはたくま》」。

天寿国繍帳作製の主要な動機は、太子とその母の崩御に対する橘大女郎の深い悲しみと、その大女郎を「一人のわが子」（孫娘）とする推古天皇のやはり深い悲しみ哀れみだった。そうではあるけれども、しかし、なぜ大女郎は推古天皇のもとへ行き、天寿国繍帳作製の願いを語ったのだろうか。経済援助、技術援助のために、孫娘は祖母に会いに行ったのだろうか。それほど上宮王家は貧しかったのだろうか。

大女郎が推古に会いに行ったのは、推古が天皇だったからであろう。すなわち、天寿国繍帳作製の中心に天皇が立つならば、繍帳は大女郎の私的な想いの品という性格を超えて、聖徳太子に対する国家の想い、太子顕彰という性格をまとうことができる。実際、推古は、「諸采女等に勅して」繡帳を作らせるが、その際、帰化人からなる専門的画工を動員し、また「椋部秦久麻」という天皇家の家産官吏を総監督に任じてもいる。つまり繡帳作製は国家的な事業としての性格をもち、政治的・公共的な性格を帯びるものだった。

しかしもしそうだとすると、国家は聖徳太子のいかなる面、いかなる功績を顕彰しようとしたのだろうか。

（三）身分と名前

銘文後半は、厩戸皇子（聖徳太子）を「太子」の敬称で呼び、その母穴穂部間人《あなほべのはしひと》に「母王」の敬称をそえる。また、推古に対し「畏き天皇」「天皇」と二回、天皇号を使用している。他方、大女郎はその天皇に言上する言葉のなかで、聖徳太子に関して「我が大王と母王」「我が大王」「大王」という敬称を使用する。

したがって、ここには天皇――大王（太子）――諸王という序列が考えられている。天皇号がいつ成立したかは現在も論争中であるが、この呼び名が大王と諸豪族との間に観念上の明確な線引きをして、大王を諸豪族の絶対的上位に引き上げる呼び名であることは確かである。

もし繡帳銘文が推古時代のものだったとすれば、繡帳作製の政治的な動機の一つは、「天皇」号を導入するためだったのかもしれないし、あるいはそれと連動する形で、「大王」「太子」として厩戸皇子をその没後に身分的に位置づけるためだったのかもしれない。そうであれば、世間虚仮、唯仏是真という太子の言葉は、深い宗教者であると同時に国家の中枢にあった政治家としての太子を回想するための言葉として、銘文におりこまれたと言えるのではあるまいか。

特にこのことに関連して注意したいのは、銘文前半が聖徳太子を「等己刀弥弥乃弥己等《トヨトミミノミコト》」と呼んでいることだ。

『日本書紀』には、「豊聡耳聖徳《とよとみみ》」「豊聡耳法大王《とよとみみ》」（用明元年正月の条）、「厩戸豊聡耳皇子《とよとみみ》」「上宮厩戸豊聡耳《とよとみみ》太子」（推古元年四月の条）という尊称が用いられているが、繍帳のなかの名がそれらの原形であるだろう。『日本書紀』頭注（岩波・日本古典文学大系）によれば、「豊は美称。ト（聡）は鋭の意。耳がさとい意。繍帳にあるので生前からの名か。耳は古代の人名として珍しくなかった」とある。

「トヨトミミ」の意味がこのようなものだったので、「一に十人の訴を聞きたまひて、失《あやま》ちたまはずして能《よ》く弁《わきま》へたまふ」という、『日本書紀』に採録された名前の説明説話が後の時代に作られた。が、本来のこの美称の意味は、別のところにあった。

新川登亀男氏は、『日本書紀』神功摂政元年二月の条にもとづき、「豊耳」という名の人物が「天変地異の原因を判断できる能力者とみられていた」として、聖徳太子の「豊聡耳」に関しても、その「本義」は、「強いて言えば、占術的な技能の保有者を暗示しようか」、と述べている。(11)

この『日本書紀』の二月の条において、今でいえば日蝕のような出来事の原因について、たしかに皇后は「紀直《きのあたい》の祖豊耳」に問うのであるが、しかし日蝕について答えるのは「豊耳」ではなく、ひとりの「老父《おきな》」である。つまり「豊耳」自身は、「天変地異の原因を判断できる能力者」だったのではなく、この場合の「老父」のような人材がどこにいるのかを知る皇后の側近で、いわば情報収集力をもつ有能な政治家・行政官だったのである。同じようなことが、聖徳太子の名称「豊聡耳」についても言えるだろう。

これまで見てきたように、聖徳太子は、隋、朝鮮三国の事情を知り、倭国の出雲や東国などの事情にも通達していた。側近には高句麗僧慧慈や遣隋使小野妹子、全国に広がる秦《はた》氏の統率者河勝《かわかつ》、あるいは物部連兄麻呂《えまろ》のように地方から上宮王家に勤仕する多くの舎人《とねり》などがいるし、むろん資料の語らぬ多くの人びともいた。「等己刀《トヨト》弥弥乃弥己等《ミミノミコト》」という美称は、驚くべきほどの情報の担い手であり、かつ、その情報の分析・判断に優れていた太子の政治家としての優秀な能力を示す名前であったように思われる。そうであれば繡帳はこの点からも、宗教家・政治家両面において卓越した人物として、太子を公的に顕彰しようとしたと言えるのではないか。

次に銘文から離れて、わずかに残る繡帳の図柄に関して、本書に必要なかぎりで、これまでの研究史の成果を参照しておきたい。

二　図　柄

天寿国繡帳は、もとは二つの帳《とばり》（カーテン）が接続する形で作製され、縦二メートル、横八メートルの羅《ら》（下地）に、赤、黄、緑、紺、白などの縫い糸によって、天寿国をめぐるさまざまな図柄（文様・デザイン）が刺繡されていた。鎌倉時代に複製品が製作されたが、その後、原繡帳および複製品いずれも大はばに破損・消滅し、現在では両者のわずかな断片が寄せ集められ、一メートル四方の絹地に脈絡なく貼りつけられ額装されているにすぎない。したがって、繡帳全体の姿や各図柄の配置などは不明であるが、しかしわずかに残された断片の図柄に関して、これまで専門家による研究が積み重ねられてきた。

（一）冠

刺繡の断片の額装は、上・中・下の三段からなるが、亀田孜《つとむ》氏の観察によれば、その上段の右の箇所に、「赤色の輪郭線で描かれた冠状のものを被っている」男子像がある。亀田氏は冠位十二階の冠と関係があるかもしれ

写真１　天寿国繍帳断片の寄せ集め（額装）

ないとするが、形状がはっきりせず断言は避けている。(12)

この男子像以外に、残存する蓮華化生図《れんげかしょうず》の二名の人物が冠をつけている。

蓮華化生図というのは、蓮華の大きな萼《がく》と花弁のなかから今まさに生まれ出《い》ずる人物の上半身を描くものだが、そのうち二名は「山形状の冠様のもの」をつけている。(13)

繍帳断片には、布製の帽子をかぶっている人物が見えるし、無冠の人びとがいるので、蓮華化生図人物がつける冠は特別の意味をもっているはずだ。その一名は上衣をつけ、胸元で合掌のポーズをとっている。おそらくその冠は、以前見たあの法隆寺・釈迦三尊像の両脇侍（ボサツ）の冠のような象徴的意味を担っているのだろう。冠位十二階制定以前、はにわ人物のかぶる冠や古墳副葬品の冠は、被葬者（首長）の権力を象徴するシンボルだったが、蓮華化生図人物の冠は、そうしたものへの否定を含意するのではあるまいか。

なお、繍帳断片には、冠をかぶるもう一人の人物がいる。それは、額装下段左の、外区と呼ばれる部分に描かれた建物のなかの女性である。

外区というのは、天寿国情景図の下辺に、連珠文（円を連続させる文様）で上下幅三五センチメートルに区画された横長の部分で、天寿国それ自体の風景ではなく、現世の物語風の情景が描写されている。

赤色の基壇の上、紺色の屋根の重層建築のなかに、三弁の蓮華の細い茎をもつ女性が、頭上に宝冠をかぶり、椅子に腰かけている。その前には、ひざを屈する僧と立ち姿の僧が控え、後には箱らしき物をもつ男がやはりひざを屈して控えている。さらにその奥には、柄香炉《えこうろ》を手にした女性がいる。亀田孜氏は宝冠の女性を推古天皇、もう一人の柄香炉の女性を太子の母と推測している。

しかし、太子の母は崩御しているので、描かれるとすれば天寿国の内景のなかの方がふさわしいから、おそらくこの二人の女性は宮殿のなかの推古天皇と橘大女郎《たちばなのおおいらつめ》で、銘文を外区に図像化したものの一部だろう。天寿国繡帳は、銘文および外区のなかに推古天皇を登場させ、繡帳の公的な性格を表していると思われる。

（二）ひらおび

繡帳の人物は、子供らしき者を別にすると男女とも皆ひらおびを着けている。

ひらおびは礼服に付属するおびで、男はズボン状のはかまの上、女はプリーツ・スカート状の裳《も》の上につける。繡帳研究者たちによって指摘されてきたところだが、ひらおびが倭国の服制に採り入れられたのは推古朝においてで、『日本書紀』推古十三年（六〇五）七月の条には、「皇太子、諸王・諸臣に命じて、ひらおびを着しむ」とある。天寿国に「往生」した人びとはすべてこの命令に従った人びとである。

なぜ、聖徳太子はひらおびの着用を命じたのだろうか。

大橋一章氏によれば、天寿国人物像の服制はこれまで、高句麗の壁画の男女との類似が指摘されてきたが、しかしよく観察するとむしろそれよりも「基本的には埴輪時代の伝統を受け継いだもの」であるという。たしかに、盛装したはにわの男女の服制は、繡帳のものと同一であるように見える。

聖徳太子が、ひらおびの着用を命じたのは、古墳文化の貴人と同じ礼服を宮廷に参上する人びとが着ているので、ひらおびによって原理的に一線を画そうとしたからではないか。冠位十二階の冠とひらおびは、古墳文化の否定を目に見える形で表そうとしたものだろう。

（三）たすき

繡帳断片に残る女性像五名は、いずれも、たすきをかけている。たすきといっても、着物のそでを束《たば》ね上げる実用的なひもとしてではなく、ちょうど駅伝競争の選手が右肩から左わき下へかける帯のように描かれ、黄色地に赤の縁取りがある。

かつてこれは、中国古墳出土の明器の描く「たすきがけ袋」とみなされたこともあったが、しかし、一見袋のように見える箇所もたすき帯の折り返しにすぎず、すでにこの説は大橋一章氏によってはっきりと否定されている。

このたすきの服制上の意味や用途は不明とされてきたが、その後、光森正士氏によって、このたすきは、法隆寺五重塔内の、釈尊入滅を悲泣する比丘像たちが上半身裸の上にかけている「安陀会《あんだえ》」つまり袈裟《けさ》と同じものではないかという説が出され、澤田むつ子氏などもそれに従っている。(14)

しかしこの光森説は、たすきを「袋状のカバンのようなもの」とみる、すでに否定された観察にもとづいており、また、もしそれが袈裟であれば、五重塔比丘像のように左肩から右わき下へとかかっていなければならないが（偏袒右肩《へんだんうけん》）、繡帳の女性五名中四名はその逆の着衣法をとっている。ここでは、左右どちらの肩にたすきをかけさせるかということに繡帳制作者の注意は向けられていない。

したがって、このたすきを直接に袈裟と等置するよりも、亀田孜《つとむ》氏の、「右肩から左腋にかけて、半袈裟のようなものをかけているのは、埴輪女子にみる祭服のおすいに似ている」という観察が正確だろうし、「衣装の上に於須比《おすひ》をつけた女子」と明言する解釈もある。(15)

すなわち、繡帳女性像が身につけるたすきは、はにわの巫女《みこ》が身につけるたすきとほぼ同一のものであり、とくに東国の巫女に一般的に見られるものである。(16)

ただし、両者には一点、大きな違いもある。

巫女のたすきにはふつう鋸歯文《きょしもん》とよばれる三角形を連続させるギザギザの文様があるが、繍帳女性像のたすきにはそれがない。

鋸歯文は、はにわ巫女のたすきの文様であるだけではなく、古墳祭儀を行う王の冠やカミ（神）にかかわる領域（建物の一部など）にも見られる文様で、一種の神聖シンボルである。鋸歯文があるところ、そのすぐ近くにカミ（神）がいる。

しかしそうだとすると、この鋸歯文を剥ぎとったたすきの繍帳の女性たちは、いったい何者なのだろうか。

不思議なことに、たすきをつける五名のうち二名は、長く太い棒のような蓮華の茎《くき》を肩にかついで歩いている。繍帳には蓮華の茎を手にする人物が描かれているが、この二名の女性が肩にかつぐ茎はそれよりもはるかに大きく、ちょうど蓮華化生図《れんげかしょうず》（大きな蓮華から人・天人が生まれる図）の、萼《がく》と花弁を取り去ったあとの棒状の茎と一致する。

すなわち、この二名の女性は、蓮華化生に立ち会ったあといわば帰路につくところであり、それ以外のたすきをつける三名はこれから蓮華化生という神聖な出来事に立ち会うために出かけるところなのだろう。

したがって、たすきは、これまでの巫女による古墳祭儀（死んだ首長のカミへの再生祭儀など）を否定し、代わりに仏教における天寿国再生祭儀をかかげるシンボルだったように思われる。

が、それだけではない。繍帳の女性のたすきから剥ぎとられた鋸歯文は、繍帳断片の別の図柄のなかに現れる。

額装中段の左の箇所に、四本の平行線があるが、その平行線の間に三角形の連続する文様がある。大橋一章氏などの研究によって明らかにされたように、平行線は蓮池《はす》の水、連続する三角形は波を表現したものである。

しかし、そうだとすると、他の図柄が具象的なのに、なぜ蓮池の波が波線ではなく幾何学的な三角形で表現されるのだろうか。

蓮華は仏教のシンボルだが、その理由はよく知られているように、汚れた泥沼（現世）のなかにあっても、汚されず美しく花を開くからである。すなわち、蓮池の波が三角形で描かれるのは、古墳文化の神聖性のシンボルであった鋸歯文から、その神聖性を剥ぎとって、否定すべき泥沼のシンボルへと転換させるためだったのだろう。

三　小括

「世間虚仮、唯仏是真」この短い言葉を理解するために、この言葉が縫いこまれた繡帳の銘文と図柄についての研究史の一部を参照してきた。そうした迂回を経たからといって客観的な解釈が可能となるわけではないが、この言葉をただちに仏教的無常感の表出とのみ受けとめる姿勢に対しては、少々、反省のよすがとなるかもしれない。以下、これまで迂回して気づいたことを簡単に付言しておきたい。

第一に、天寿国繡帳は、これまで、橘大女郎《たちばなのおおいらつめ》が太子を偲ぶための私的な調度品として作製されたと解釈されてきたが、しかし大女郎の心情を契機としつつも、繡帳作製は政治家・宗教者としての太子の功績を顕彰するための公的ないし国家的な事業としての性格をもつものだった、と考えてみた。もしそのように言えるとすると、そこに縫いこまれた世間虚仮、唯仏是真の言葉は太子の無常感や現世逃避を表すのではなく、真なる仏を基準にして虚仮なる世間を改革する、という積極的なニュアンスをもつとも言えそうである。そうでなければ、太子の功績を繡帳作製によって顕彰することにはならなかっただろう。だから、世間虚仮、唯仏是真の言葉は、憲法十七条の第二条「それ三宝に帰せずんば、何をもってか枉《まが》れるを直さむ」とも矛盾するものではなかったし、維《ゆい》摩居士などを模範として、政治・宗教両面の現世改革を推し進めた太子の生涯とも矛盾するものではないただろう。

第二に、天寿国繡帳断片の図柄を背景にして世間虚仮、唯仏是真の言葉を考えると、そこに含意される現世改革は、具体的には、古墳文化の否定と仏教文化の構築として描かれており、太子が天寿国に「往生」するのは橘大女郎の私的な確信であるだけではなく、推古朝国家の公の信仰をも表現するものだったと言えるだろう。

なお天寿国繡帳の図像全体は、六世紀に北九州で流行し六世紀末から七世紀初頭にかけては東国においても広まった、いわゆる装飾古墳壁画に対する対抗意識を秘めていた可能性もある。装飾古墳は豊かな色彩で古墳石室の壁面に文様を描き――その文様にはあの鋸歯文もある――、古墳石室が死後再生した首長の神聖空間であることを示そうとしたものだった。繡帳はそうした他界観の否定を内に秘めていたのではないのだろうか。

いずれにしても、天寿国繡帳は、薨去《こうきょ》した太子を国家が悼み、その事績を記念するのにふさわしい作品だったと言えるだろう。

(1) 田村圓澄「聖徳太子の時代とその仏教」、聖徳太子研究会編『聖徳太子論集』平楽寺書店、一九七一年
(2) 直木孝次郎「厩戸皇子の面影」、本郷真紹編『和国の教主　聖徳太子』吉川弘文館、二〇〇四年
(3) 田村圓澄『聖徳太子』中公新書、一九六四年、八一 - 八二頁
(4) 平岡定海『日本寺院史の研究』吉川弘文館、一九八一年、一三、二〇頁
(5) 加藤謙吉「蘇我氏と飛鳥寺」、狩野久編『古代を考える　古代寺院』吉川弘文館、一九九九年、四一、五三頁
(6) 森田悌『推古朝と聖徳太子』岩田書院、二〇〇五年、一九三頁
(7) 前園実知雄「古墳はなぜ造られなくなったか」、白石・吉村編『争点　日本の歴史　第二巻』新人物往来社、一九九〇年
(8) 飯田瑞穂『聖徳太子伝の研究』吉川弘文館、二〇〇〇年
(9) 大橋一章『天寿国繡帳の研究』吉川弘文館、一九九五年
(10) 義江明子「天寿国繡帳銘系譜の一考察――出自論と王権論との接点――」、『日本史研究　三二五』一九八九年
(11) 新川登亀男『聖徳太子の歴史学』講談社、二〇〇七年、二三一 - 二四頁
(12) 亀田孜「中宮寺天寿国繡帳」、『日本絵画館』一、講談社、一九七〇年
(13) 澤田むつ代『上代裂集成』中央公論美術出版、二〇〇一年、「本文篇」第二章
(14) 光森正士「安陀会《あんだえ》について」、『網干善教先生古稀記念考古学論集　下巻』一九九八年
(15) 『原色版国宝 二』毎日新聞社、一九六八年、解説
(16) 若狭徹『もっと知りたい　はにわの世界』東京美術、二〇〇九年、三六頁
群馬県立歴史博物館友の会編『図説はにわの本』東京美術製作・発売、一九九六年、六一頁

終章

聖徳太子とコンスタンティヌス帝

天寿国繡帳は、聖徳太子が深く仏教に帰依したばかりではなく、仏教にもとづく「世間」の改革者、政治家としての、その事績を顕彰し記念するために作製されたように思われる。

仏教公伝以来、倭国の崇仏派の中心は蘇我氏だったとされてきた。事実最初の大伽藍飛鳥寺は、蘇我氏の建立による。しかし、これまでみてきたように、仏教の導入には強い政治的な意味があり、多くの有力豪族が仏教に対して否定的な姿勢をもつという時代状況のなかでは、へんな言い方だが、蘇我氏が仏教導入の先兵となり、上宮王家がその背後の影の中に退くという配置が不可避だったのではないかと思う。

しかし物部守屋滅亡後には、推古天皇を前面に立てて、蘇我馬子と聖徳太子とは仏教にもとづく政治改革を断行することになった。両者は姻戚関係を結び、政治的に同盟し、倭国改革の同一目標に向かった。大枠はそうだった。が、よく実情をみると、仏教による政治改革という根本において、両者には深い断絶面もあった。聖徳太子は、馬子に比べて、三〇〇年つづいた古墳文化に対し、はるかに強い対決の姿勢をもっていたし、また対外関係においても、馬子の百済中心主義に対して、東アジア全体の平和構築を構想する視野と、その実現に向かって一歩一歩進んでゆく実行力とをもっていた。

このような聖徳太子の思想と行動とを評価するためには、馬子と比較するだけではもはや十分ではない。仏教という世界宗教の普遍主義的な性格は、わが国では初めて聖徳太子において政治世界への通路をもつことができたのであり、そのことを見つめるためには比較対象として馬子は十分ではない。

したがって本書のしめくくりとして、世界宗教としてのキリスト教を政治の世界に導入したローマ帝国のコンスタンティヌス帝と聖徳太子との簡単な比較を試みて、太子を世界史上の場においてみてみたい。

一　課題　政治と宗教

コンスタンティヌスの父、コンスタンティウス帝の時代は、帝国四分統治体制（テトラルキア体制）の時代だった。

この体制は、ローマ帝国を四分割し、正帝二名、副帝二名でそれぞれの国境を効率よく防衛し、また副帝をあらかじめ正帝の後継者として確定しておくことによって、それ以前の軍人皇帝時代に日常化した軍団による皇帝の暗殺と乱立を防ごうとするものだった。

さらにこの帝国四分統治体制は、皇帝たちをローマの伝統上の神々と結びつけ正当性を付与するテトラルキア神学と呼ばれるイデオロギー装置を備えていたが、その立場からディオクレティアヌス帝第十九年（三〇三）、四帝の名前によるキリスト教迫害令が出され、いわゆる「大迫害」が始まった。それ以前にも迫害はあったが、それは偏見や感情・利害の食い違いにもとづく都市民衆によるもので、国家が前面に出て行う大がかりで組織的なものではなかった。

迫害令の二年後、東西正帝二名が退位し「第二テトラルキア体制」に移ったが、その中心のガレリウス帝は迫害を続行し、他の三帝もそれに従った。そのなかには、コンスタンティヌスの父で西の正帝となったコンスタンティウス帝もいた。

ところが、そのコンスタンティウス帝が死に、後継者としてコンスタンティヌスが帝国西方北半分の皇帝として軍団によって擁立されると、彼は帝国西方南半分の支配者マクセンティウス帝と戦い、三一二年ミルヴィウス橋の戦いで奇跡的な勝利をとげ、間もなくキリスト教を公認するミラノの勅令を発布することになる。その後、コンスタンティヌスは他の諸帝をも軍事的に打ち破り、四分統治体制を終息させて単独支配を実現し、帝国のキリスト教化政策を推進していく。

日本の歴史のなかで推古朝時代が古墳文化から仏教文化への転換期であったように、コンスタンティヌス帝（在位三〇六－三三七）の時代は伝統的なローマ文化からキリスト教文化への転換期だった。

そして、この転換の根本原因として、ちょうど聖徳太子の仏教受容が内面的・精神的なものであったとして注目されてきたように、キリスト教を迫害から公認・優遇へと転換させたコンスタンティヌス帝の、キリスト教への回心体験が注目されてきた。

コンスタンティヌス帝と面識のある同時代人のキリスト教会史家エウセビオスやラクタンティヌスは、ミルヴィウス橋の戦いの直前にコンスタンティヌス帝がキリスト教に回心したという記録を残しており、ヨーロッパはこの回心、あるいはそれを引き起こした神のわざに、ローマ文化からキリスト教文化への転換の究極の原因を見てきた。つまりコンスタンティヌス帝は何よりも宗教者であり、その宗教的な心情にもとづいて行動した者、それゆえにまたヨーロッパ史上最大のキリスト教保護者としていわば聖人化されてきたのだった。

ところがドイツの歴史家ヤーコプ・ブルクハルトは一八五三年の著作のなかで、このようなコンスタンティヌス帝像は虚像であるとして伝統的イメージの破壊を試みた。ブルックハルトによれば、コンスタンティヌス帝は世俗的な魂の持ち主で「冷徹で、恐ろしい権勢欲」をいだき、「政治において道徳的ためらいなどというものはまったく感知せず、また宗教的問題を徹頭徹尾政治的有用性の面からしか見ていなかった人間」で、その、政治に徹しきったという意味で「天才的な人間」だった。しかし、未来の歴代君主を教会の擁護者にしようと、教会史家

エウセビオスがコンスタンティヌス帝を宗教者として理想化しモデル化したために、その真実の姿は見失われたのだと言う。(1)

ブルックハルトの主張は大きな衝撃を与えたが、その後の研究史はその主張をそのまま受け容れたわけではなく、コンスタンティヌス帝の回心体験の真実性を回復しようとする人びとも多い。たとえばローマ帝国史研究の大家、A・H・M・ジョーンズは、当時、キリスト教はマイノリティーで、「教会を何がなんでも味方にしなければならぬほどの価値をもっていなかった」のだから、コンスタンティヌス帝の「世俗的な性格をもつ打算的な動機」を想定することはできないと述べている。(2)

このように、聖徳太子研究もコンスタンティヌス研究も同じような課題をかかえている。両者いずれも世界宗教を政治の世界に導入し、それにもとづいて新しい時代を築こうとしたのであるから、当然に、宗教的な心情および政治家としての資質が問題となる。つまり両者それぞれにおける政治と宗教との関連が問題となる。

二　中央集権的ホモジニアスな国家と世界宗教

コンスタンティヌス帝のキリスト教推進政策を、政治と宗教との関連という角度で考えるためには、まずは、ディオクレティアヌス帝（在位二八四－三〇五）による「大迫害」の社会的背景をおさえておく必要があると思う。同一の社会的背景が一方で「大迫害」をもたらし、他方でキリスト教推進政策を生み出すのだが、その社会的背景とはどのようなものだったのか。

ディオクレティアヌス帝は四分統治体制によって帝国国境を防衛しようとしたが、そのためには四帝が十分な軍団兵をもつ必要があり、そのため、特に徴税のための大規模な行政改革を行うことになった。

ディオクレティアヌス帝の統治初期ほぼ五〇あった属州は、退位直後のいわゆる「ヴェローナ・リスト」では二倍の一〇〇州になっている。この属州細分割の目的は、第一には徴税行政の密度を高めることにあったが、同時にこれまで政治・軍事に大きな権限をもっていた地方総督の管轄領域を縮小し、体制を内側から脅かす勢力を除去することにもあった。さらにディオクレティアヌス帝はローマ法を整備させ、彼ら総督たちが徴税行政や司法行政などにおいて公正と効率を強化することを期待した。

このように属州は行政密度と公正のために細分割されたのだが、他方で、この細分割された一〇〇の属州は一二管区にそれぞれ統合された。この諸属州の一二管区への統合は、ヨーロッパ形成史という観点に立つときわめて重要な意義を担っていた。

これまでの行政単位としての属州は、被支配民族が一体化し反乱を起こすことを防ぐために、属州境界は同一の民族領域を分断し、異質な民族があえて一つの属州に囲い込まれていた。(3) しかしいまや、行政上の効率という目的のため、「地理的・人種的な観点から同質的地域」を一つの管区とし、細分割された諸属州を統合することになった。したがってこの管区が将来のヨーロッパの民族国家の基盤となる。「管区を創設する際、ディオクレティアヌスは、いわば帝国の地図の上に将来の国民の輪郭を描いた。この時以来、一つのスペイン、一つのイギリス、一つの北アフリカ、一つの北フランス、一つの南フランス、多くのバルカン諸国民が存在した」。(4)

属州の細分割と統合のみならずローマ社会の根幹をなす特権都市にまで、徴税のための行政改革は及んでいく。ローマ帝国はこれまで歴史に登場してきた諸帝国、すなわち王と役人（書記）の支配する官僚制国家とは違い、その数ほぼ一千といわれる都市を帝国の細胞（社会的基盤）とし、その都市のネットワークがローマ帝国の実体を作っていた。それらの諸都市は、法・権利の観点から見ると決して同等ではなく、たとえばローマによって軍事的に征服された外国人諸都市はだいたい「租税義務都市」であったが、それ以外に、租税が免除されたりローマ総督の支配を受けない同盟都市や自治都市があった。ローマ人による植民都市や退役兵による新設都市が特権都市だったことはいうまでもない。

ディオクレティアヌス帝の行政改革は、永い年月の結果できあがったこのような諸都市の特権と義務の体系を破壊し、たとえばイタリア諸都市の租税免除特権を剝奪して課税対象とした。それ以来、帝国のすべての特権的・自立的な諸都市はしだいに消えてゆき、皇帝直属の官吏団の行政対象となってゆく。ローマは例外ではあったが、やがてはローマも課税対象となる。諸都市の特権喪失と官僚制の進行を、便宜上、官僚制的平準化と呼ぶことにしよう。

この官僚制的平準化によって、ローマ型諸都市の政治文化的性格も根本から変化を余儀なくされていった。ローマ帝国以前の諸帝国の場合も、もちろん「都市」はあったが、その「都市」は中央から派遣された代官や官吏の居住地で、いわば地方支配の拠点だった。それに対して、ローマ型諸都市は、数十名から数百名におよぶ大土地所有者が都市参事会（都市貴族）を形成して都市民衆や周辺農民層を支配し、いわば自立的・自主的にローマ文化を支えてきた。たとえば、都市城壁、舗装道路、水道、神殿、公衆浴場などの建設と維持は主に富裕な都市貴族層の負担によって行われ、また都市の祭儀や大がかりな競技・見せ物の開催などもそうだった。

ところが、あの官僚制的平準化の進行とともに、特権都市は消え、徴税のための官僚制的重圧が都市参事会員層（都市貴族層）の上にのしかかってきた。すなわち、都市参事会員層は周辺農民地域を含む都市領域の徴税責任者とされて中央官庁の厳しい監督下に置かれるようになり、しだいに実質的な租税負担者となって、一部大土地所有者層を別にするとやがては没落していくことになったのである。ディオクレティアヌス帝統治末期の資料には、都市参事会がひとりあたりの租税負担を耐えやすくするために参事会員数を大幅に拡大しようとして極端に参事会員資格年齢を引き下げたり、あるいは参事会員が都市から逃亡する事例などが頻繁に現れてくる。この都市参事会員層の没落とともに、都市に対する愛と公共心も消えてゆき、いわゆる「都市パトリオティズムの衰退」も広がっていった。(5)

都市参事会員層の没落、「都市パトリオティズムの衰退」は、ローマの宗教や文化を復興して帝国の一体性を創出しようとするディオクレティアヌス体制の内在的矛盾の現れだった。そして、「都市パトリオティズムの衰退」とちょうど入れ替わるようにしてキリスト教が都市内部で伸長してゆく。

当時、キリスト教徒の数は人口の一割程度、とくに都市の中・下層および女性の割合が高かったといわれているが、しかし、トラキアの都市ヘラクレウスや、カルタゴ、エフェソス、アレキサンドリア、エジプトの都市デニスなどでは都市貴族やその子女が殉教者になった例が知られている。スペインのイベリウス（グラナダ）で開かれた一九名の司教からなる、「大迫害」以前の時期の宗教会議は、これまで都市参事会員のなかから選ばれる栄誉ある地位「都市聖職者」（flaminium）にキリスト教徒が就くことを、当然のことのように前提にしている。宗教会議の決議には次のような言葉もある。「剣闘士の戦いや戦車競技、同じような催しの代わりに、都市聖職者は同胞市民に対し公的に有用な事業、橋、公会堂、道路や下水の補修などを提供できるだろうし、公的な食事の費用を支払ったり、もっと簡単には一定額の貨幣を同胞市民に配分したりもできるだろう。……宗教会議は、キリスト教徒たる者は都市聖職者の地位についたとき、競技の開催などよりももっと優れたことをなすべきであると判断した」。(6)

伝統的なローマ都市文化の衰退とキリスト教の都市内伸長という社会的背景のなかで、ディオクレティアヌス帝統治第十九年（三〇三）に「大迫害」が始まった。それまでの一八年間は、官僚制的平準化の進行が矛盾を深めてゆき、伝統的ローマ文化の危機が深まっていくのに必要な歳月だったのである。

さて、ここで本来のテーマであるコンスタンティヌス帝に移ろう。

彼はディオクレティアヌス帝以来のキリスト教迫害をやめ正反対の立場をとったが、官僚制的平準化の推進という面ではこれまでの流れを継承し、むしろ徹底化した。官僚制的平準化を阻止しようとしたのはコンスタンティヌス帝の敵、ローマ在住の伝統復興主義者マクセンティウス帝だった。

コンスタンティヌス帝はこの敵をミルヴィウス橋の戦いで打ち破ると、一方でキリスト教を公認するとともに、他方ではディオクレティアヌスの行政改革を受けつぎ、「民政と軍政との分離」によって帝国行政の官僚制化を徹底化した。さらにミルヴィウス橋の戦いと同年、三一二年には「土地特別税」を導入して元老院議員やかつての皇族の土地財産をも課税対象とし、また、商業・手工業税の設定で、娼婦や乞食にさえも課税したといわれるほど過酷で官僚制的な徴税国家を構築していった。

コンスタンティヌス帝がキリスト教に着目したのには幾つかの理由があったのだろうが、その一つには、この官僚制的な徴税国家の構築に際して、ローマ共和政時代からの軍事的・英雄主義的な「市民」精神にかわって、おだやかさ、柔和さ、へりくだり、忍耐など無抵抗主義的な「臣民」倫理をキリスト教に求めたことがあるだろう。

これに対して、聖徳太子が仏教に求めたものは何だったのだろうか。

これまで見てきたように、聖徳太子は仏教を導入して冠位十二階を制定し、大和政権を構成する豪族の官僚化をめざし、その諸豪族とそれぞれ擬制血縁関係をもつ下位集団の、バラバラで相互に異質な分節的社会を解体して、ホモジニアスな統一国家を形成しようとした。コンスタンティヌス帝の場合、官僚制的平準化の結果として、ローマ的市民倫理にかわるキリスト教倫理に着目したのだが、聖徳太子は官僚制的平準化を開始するために仏教を必要とした。そうした大きな違いはあるけれども、聖徳太子時代になって、倭国がホモジニアスな社会へと進化を遂げようとするとき、あるいは相互に異質な倭人が同じ日本人になろうとするとき、世界宗教としての仏教倫理に着目した点では共通性もあるだろう。冠位制の制定以後、群集墳が次第に消滅していったのは、仏教によるホモジニアスな社会の形成が着実に進捗し始めたことを告げている。コンスタンティヌス帝はキリスト教によって、半自立的な都市意識を克服しようとしたが、聖徳太子は仏教によって、半自立的な擬制血縁的団体意識を克服しようとした。

三　ローマ帝国の平和と東アジアの平和

エウセビオスの『教会史』に収められた諸資料のなかに、しばしばキリスト教徒にたいする不思議な表現が現れてくる。(7) すなわち、キリスト教徒は、迫害者によってもキリスト教徒自身によっても「民族《エトノス》」とか「種族《ゲノス》」とか呼ばれる場合がある。たとえば「迫害」皇帝マクシミヌス・ダイヤとその長官の書簡のなかで「キリスト教徒たちの民族」という表現が使われているし、キリスト教徒たちも自分たちのことを「新しい民族」とか、あるいは「すべての民族のなかで最も人数が多くかつ最も神に敬虔な民族」と呼んだりしている。

このような表現は異様に響くので、写本によっては「民族《エトノス》」を「慣習《エトス》」に書きかえている場合があるが、しかし明らかにこの書きかえは間違いで、「慣習」では文脈にそぐわない。

おそらくキリスト教徒たちは、これまでの閉鎖的な民族意識から脱け出して、真実の神と結びつく非血統的で普遍的な「新しい民族」に再生した、という意識の所産としてこのような表現を使ったのだろう。それに対して「迫害」皇帝たちの場合は、ローマ人優先主義のもとで強制的に他の諸民族を帝国内に統合しようとしたから、これに応じないキリスト教徒を非ローマ的な「民族」とみなしたのであろう。

属州細分化や、かつて納税義務を免れていた各種ローマ人諸都市への課税開始を推し進めたディオクレティアヌス帝は、その政策だけを見ると、あたかもローマ人優遇政策を転換したかのように見える。しかしこれは、あくまでも徴税とその税収をより徹底させるためなのであって、ローマ人による他民族の支配というローマ人優先主義観念を覆すものでは決してない。それどころか、ローマ人優先主義は、帝国を運営していく上での前提であり枠組みであり続けたと言える。徴税はローマ軍団拡充のためであり、その軍団はローマ人による他民族の支配のためである。

コンスタンティヌス帝は、こうしたローマ人優先主義の階層的な民族統合政策をきっぱり捨て去って、キリスト教によって民族の閉鎖的な意識を打破し、帝国内諸民族の平和な共存を実現しようとした。コンスタンティヌス帝がキリスト教に着目したもう一つの理由である。

すでに紹介したように、ディオクレティアヌス帝の行政改革によって細分割された属州は、「地理的・人種的な観点」から「同質的領域」に統合された。この民族的な「管区」は、放置しておくならばローマ人に反抗する可能性もあったし、「管区」境界線上で相互に対立する可能性もあった。しかし、諸民族がキリスト教という「新しい民族」に再生するならば、こうした対立や摩擦を克服して帝国内の平和を実現することができる。

コンスタンティヌス帝が歴代の皇帝とは違ってこうした方向へ視線を転換した背景には、彼の軍団においてはブリテン人や、とりわけゲルマン諸部族の比重が大きく、しかも彼らは優秀な兵士でコンスタンティヌス帝に対する忠誠心も強かったという事情もあったかもしれない。コンスタンティヌス帝にとっての主要な敵は四分割統治体制に由来する諸帝とそのローマ人軍団だった。

コンスタンティヌス帝が世界宗教キリスト教によってローマ帝国内の民族対立を克服しようとしたように、聖徳太子もまた世界宗教仏教によって東アジア諸民族の平和な共存関係を構築しようとした。ローマ帝国の場合、「新しい民族」へ再生することは一度古い民族意識を否定することを意味した。この否定は聖徳太子の構想のなかにも現れている。聖徳太子の構想においては、仏教の導入によって、相互にバラバラな倭人は同質の日本人になることができるが、その日本人はやはり仏教に媒介されて、他国民と対等な共存性を得ることができる。東アジア全体の平和は、仏の下の平等な共存でなければならず、そのためには仏に帰依することによって自己中心的な民族意識を一度捨てなければならない。この否定と再生の象徴が大仏の造立だった。コンスタンティヌス帝がローマ人中心の階層的な民族統合を放棄したように、聖徳太子が大国隋に対して対等性を貫いたのは、あるいは貫くことができたのは、仏を絶対とする信仰によって民族相互の対等性と共存性が確信できたからであり、それが仏の平和だった。

キリスト教や仏教の導入によって、中央集権化が進み、皇帝や王の権威が絶対化してゆくが、その権威の正当性根拠はキリストや仏に仕えることにあるのだから、コンスタンティヌス帝も聖徳太子もキリストないし仏の下での平和の実現という使命をみずからに課した。聖徳太子が遣隋使を派遣したときにも、隋の煬帝に同じ使命の共有を求めたのだった。

四　皇帝教皇主義

聖徳太子はいくつかの銘文資料のなかで、仏教にかかわる特別の敬称で呼ばれている。それらは、「法王大王」（伊予湯岡碑文）、「東宮聖王」（法隆寺金堂薬師如来坐像光背銘）、「上宮法皇」「法皇」（同釈迦三尊像光背銘）、「上宮太子聖徳皇」（法隆寺塔露盤銘）などである。

これらの敬称は、西洋中世カトリック教会の教皇のような、最高祭司が政治権力の担い手の上に立つという意味ではなく、反対に政治権力の担い手が宗教の保護者・推進者であり、祭司・僧がその政治的指導の下におかれることを示すもので、専門用語では「皇帝教皇主義」（der Caesaropapismus, le caesaropapism）と呼ばれる。

聖徳太子もコンスタンティヌス帝も祭司王制のごときものをめざしたのではなく――称徳天皇時代の道鏡はそのようなものをめざした――、皇帝教皇主義の立場から世界宗教の定着をめざした。だから聖徳太子は出家しなかったし、コンスタンティヌス帝もみずから司教になったりせず、おそらく洗礼も受けなかった。両者いずれも皇帝教皇主義の立場に立ったが、しかしその内実には大きな違いがあったようにも思われる。聖徳太子の行動はこれまでずっと辿ってきたわけだから、ここではコンスタンティヌス帝の皇帝教皇主義の実際をやや詳しく見て、両者の違いを確かめてみたい。

コンスタンティヌス帝の皇帝教皇主義は、当時キリスト教最大の思想問題だったアリウス論争を解決するためにニカイア宗教会議を招集し、コンスタンティヌス帝自身が会議に介入していくプロセスにもっとも端的に現れている。

アリウス派はキリストと神との本質的同一性を認めず、相対的先在性（キリストがなお存在しない時があった）、無からの創造性（キリストは無から存在されるにいたった）などの立場をとり、のちの正統派と激しく対立した。

宗教会議はアンキラで開かれるはずだったが、コンスタンティヌス帝が介入し場所をニカイアに変え、参加者の範囲を大幅に拡大するとともに、公用馬車の使用を認め、滞在費用も皇帝負担とした。

三二五年六月の宗教会議。開会式は皇帝の宮殿大広間で行われ、コンスタンティヌス帝が入場すると三〇〇名の司教たちは長椅子から立ち上がった。皇帝は紫のマントに宝冠をつけていた。彼が着席した後、司教たちも着席した。一人の司教が皇帝歓迎の挨拶をすると、それに応える形でコンスタンティヌス帝も教会内の対立を憂える内容のスピーチをした。神学論争は数日間つづいた。最後に宗教会議の結論としてニカイア信条が採択された。コンスタンティヌス帝は司教全員が公証人の前でこの信条文書に署名することを要求し、これを拒否したアリウスと二名の司教を流罪とした。その後、コンスタンティヌス帝の要求で、復活祭の日を帝国で統一するための論議がなされた。残りの日々は他の異端にたいする対処や教会組織上の問題の討議にあてられた。

宗教会議の閉会後、コンスタンティヌス帝の統治二〇周年祭が始まり、司教たちは宮殿での祝宴に招かれた。コンスタンティヌス帝は、愛・共同・一致を強調する別れの挨拶をした。

以上がニカイア宗教会議の骨子である。この宗教会議の前と後に、コンスタンティヌス帝は不可解で不正な殺害行為を行っている。

三二四年九月、宗教会議の九か月前、かつての帝国東方の皇帝リキニウスは、コンスタンティヌス帝との戦いでの敗戦後、生命の保証を与えられテサロニカに移送されていたが、そこで殺された。その後間もなく、リキニウスの子、九歳のリキニアスも殺害された。リキニアスはコンスタンティヌス帝の甥（妹の子）だった。

他方、ニカイア宗教会議閉会から一〇か月後の三二六年五月、対リキニウス戦で勝利に大きく貢献し、将来を嘱望されていた副帝で長子のクリスプスを、コンスタンティヌス帝は自害させた。その二か月後、コンスタンティヌス帝自身の妻ファウスタを殺害した。その理由は明らかでない。コンスタンティヌス帝の行動に関する以上の時間の経過は、インクルージオ（囲い込み）と呼ばれる形式で整理することができる。

A
B

三二四年九月、リキニウス殺害、その後九歳のリキニアス殺害
三二五年六月、開会式、教会内対立を憂えるスピーチ
　アリウス論争とニカイア信条採択、署名要求、
　アリウスと二名の司教を配流
三二五年七月、閉会、統治二〇周年記念祭、愛・共同・一致を強調するスピーチ
三二六年五月、長子クリスプス殺害、七月妻ファウスタ殺害

右のインクルージオ（囲い込み）による整理は、コンスタンティヌス帝の皇帝教皇主義の性格を明確に示している。

〈まず外枠A〉

宗教会議前のかつての政敵とその子の殺害と、宗教会議後の長子と自身の妻の殺害が対応する。この対応は、コンスタンティヌス帝が信仰ないし宗教的心情にもとづいて宗教会議にかかわったのではないことを物語ってい

る。彼は国政上の観点や、彼自身の地位の保全のためにキリスト教を優遇し支援するけれども、彼個人の心においてキリスト教と共鳴するものを何ももたない。

この点では、同じ皇帝教皇主義の立場に立つといっても、コンスタンティヌス帝と聖徳太子とは大きく異なっている。釈迦三尊像や天寿国繡帳など太子のために作られた遺品が証するように、白衣の維摩《ゆいま》のような仏教徒を模範にして、政治家としても信仰者としても太子が仏の道を突き進んで行ったことは明らかである。同じ仏教推進者でも、蘇我氏一族の方が政敵に対して手段を選ばず、仏教の政治的有用性のみに視点をおく点でコンスタンティヌス帝に似ている。

コンスタンティヌス帝は、彼の政治的行動を内側から制約するような宗教的心情を決して抱えこんだりはしなかった。宗教会議前、その準備期、約束を破ってリキニウス父子を殺害したのは、むろん政敵を抹消するためだが、宗教会議との関連でいえば、かつての東方皇帝リキニウスはキリスト教迫害の立場をとっていたので、彼を殺しても司教たちはその行為を非難しないだろうし、むしろ反対にキリスト教の擁護者としてみずからをアピールすることさえできるかもしれない、という計算があったにちがいない。

長子クリスプスと妻ファウスタの場合、根拠の定かではない疑心を抱き殺害を決意したが、宗教会議において愛・共同・一致を政治上の観点から強調する計画だったので、殺人鬼のような行為を延期した。このような宗教や道徳に拘束されないコンスタンティヌス帝を、ブルックハルトがしたように、どこまでも政治の論理を貫く天才的な政治家として評価できるかどうかは問題だろう。なぜならば政治家は、権力闘争に打ち勝っていかなければならないが、しかしそれだけではなくその権力によって実現すべき国家の将来像の質によっても評価されねばならないからだ。

〈次に内枠B〉

宗教会議の開会式および事実上の閉会式が宮殿で行われたことは、宗教会議が皇帝の支援と監督のもとに行われたことを示すのであるが、それだけではない。コンスタンティヌス帝が開会式の際に身につけていた紫のマントは世俗領域における皇帝位を象徴するが、宝冠はその皇帝が神に選ばれた者であることを象徴し、それゆえに宗教会議の統括者であることを表示する。宝冠は神の手によって、コンスタンティヌス帝の頭に置かれたのであり、彼が神に選ばれ、神にのみ責任を負い、神に奉仕する者であることを象徴する。(8) つまり、世俗領域の皇帝が同時に純宗教領域内での最高責任者としての地位をもつことを示している。しかし彼はどのような意味で神に奉仕する者だったのだろうか。

コンスタンティヌス帝は、宗教会議の一年前の書簡の中で、みずからを「神の奉仕者」と呼び、神に奉仕するためにアリウス論争に関与すると述べているが、その際、特徴的なことは彼がこの論争の神学上の意味に関心を示さず、理解しようともしなかったことだ。アリウス論争はコンスタンティヌス帝にとって、「激しい確執にまったく値しないもの」「何の益もない徒労を増し加えるこの種の論争」「不毛な、二、三の言葉をめぐる争い」「この非常に愚かしい問題」にすぎなかった。

イエス・キリストが父なる神と本質を等しくするか否かという問題は、キリスト教の根幹にかかわる問題であり、この問題に対する考え方しだいでは、キリスト教という名前は同じであってもまったく別の内容の宗教になってしまう。それにもかかわらずコンスタンティヌス帝はこの問題に関心をもたず、それでいてアリウス論争に介入する。

繰り返しになるが、世界宗教に対するこうした姿勢において、コンスタンティヌス帝には聖徳太子と大きな違

いがある。『上宮聖徳法王帝説』は太子の仏教に関して、

「上宮王、高麗の慧慈《えじ》法師を師としたまふ。王命《みこのみこと》、能《よ》く涅槃《ねはん》常住・五種仏性の理を悟り、明かに法花《ほっけ》三車・権実《ごんじつ》二智の趣を開き、唯摩不思議・解脱の宗を通達《さと》りたまふ」

と述べている。(9)

むろんこれは、後の時代の太子神話化にすぎないが、しかし歴史上の聖徳太子が慧慈を師とし、隋に仏教学生を派遣し、推古天皇に仏典を進講するなど、世界宗教としての仏教に理論的な関心をもち理解があったことは確かであり、コンスタンティヌス帝とは違っている。

コンスタンティヌス帝は、アリウス論争やキリスト教教義に関心をもたず、それでいて宗教会議を主催し論争に介入する。その彼の本当の関心はどこに向けられていたのだろうか。それは、宗教会議以後の歩みを追えばすぐに明らかになる。

コンスタンティヌス帝はニカイア宗教会議の翌年の三二六年、帝都コンスタンティノポリスの造営を開始しており、四年後の三三〇年、開都式を挙行した。この帝都造営の主目的はササン朝ペルシア帝国に対する征服戦争のための軍事、政治上の拠点の形成だった。三三七年、すでにニカイア宗教会議から一二年経過しているが、ようやくペルシア遠征の準備が完了し、五月上旬、六師団三万の軍団兵がコンスタンティノポリスからボスポロス海峡を渡り、小アジアを横断してペルシアに向かった。この陸路の先発隊につづいて、コンスタンティヌス帝は軍総指揮官として五〇〇隻の船団一万五〇〇〇の将兵を率いてコンスタンティノポリスを出港し、都市ニコメディアに到着後南下し始めたが、その時心臓病で倒れ、間もなく死んだ。(10) 神に撃《う》たれたのである。

つまり、コンスタンティヌス帝が「神の奉仕者」「平和の導き手」として、キリスト教による帝国内の愛と共

同と一致とを求めたのは、ササン朝ペルシア帝国に対する戦争体制を構築するためだった。

　聖徳太子が斑鳩に宮殿と寺院を造営したのは、仏教の理念によって東アジア全体の平和を構築するためだった。もちろん斑鳩もまた軍事的性格をもってはいたが、それは仏教の平和理念を実現していく際に、敵対する勢力の出現が予想されるからであり、その平和理念を推進するためだった。

　聖徳太子とコンスタンティヌス帝との根本的な違い、それは太子の場合には、宗教心情と、この心情に由来する理念とが国家の将来像へと具体化され、その実現のために政治権力の行使や政治的な計算をも行うという、宗教家としての面と政治家としての面とが緊密に結びついていることである。そのため、太子の政治はつねに理想主義的な性格を帯びざるをえないが、その結果として、太子およびその後継者には絶えず「現実」からの反動が襲いかかる危険に満ちていて、上宮王家には悲劇性がつきまとう。それに対して、コンスタンティヌス帝はそのような悲劇性とはまったく無縁な政治家だった。

(1) ヤーコプ・ブルクハルト、新井靖一訳『コンスタンティヌス大帝の時代』筑摩書房、二〇〇三年、三八六 - 三八七頁

(2) A. H. M. Jones, *The Later Roman Empire* 284-602, 1964, p.81

(3) F. M. Ausbuttel, *Die Verwaltung des romischen Kaiserreiches*, 1998, S.26

(4) A. Piganiol. *L'Emire Chrétien*, 1947, p.353-354

(5) A. H. M. Jones, *The Greek City, from Alexander to Justinian*, 1966, p.144-146

(6) P. Allard. *La persécution de Dioclétien, et le trimophe de l'Église*, 1890, p.57-58

(7) H. Laemmer, Eusebili Pamphili *Historia Ecclesiastica*, 1862,
エウセビオス著、秦剛平訳『教会史 一～三』山本書店、一九八六 - 一九八八年

(8) A. Alfödi, *Die monarchische Repräsentation in römischen Kaiserreiche*, 1970

(9) 沖森・佐藤・矢嶋『上宮聖徳法王帝説 注釈と研究』吉川弘文館、二〇〇五年、八三 - 八四頁

(10) 大澤武男『コンスタンティヌス』講談社、二〇〇六年、二三七 - 二三八頁

あとがき

ずっと以前、中国に旅をして、ある川のほとりを歩いていたとき、あたりの風景にふと奇妙な懐かしさを感じ、ひょっとしていつか、遠い過去、おそらくは前世において、自分はこのあたりで生まれ、このあたりで静かに生活していたのではあるまいか、と、取りとめのない想念を抱いたことがあった。あるいはまた、ソウル近郊の農村を訪れたとき、知らぬうちに日本の原風景のなかに入りこんでしまい、時間が静止したかのような不思議な錯覚に襲われたこともあった。

おそらく私たち一人ひとりの感性の、奥深いひだのなかに、ちょうど樹木の年輪が過去の時を残すように、中国・韓国・日本に共通する文化的な伝統への茫漠とした記憶がひそんでいるにちがいない。

それにもかかわらず今、東アジアにおける平和への道はジグザグとして、楽観することを許されてはいない。現在の私たちがどのような宗教や思想、あるいは価値観にコミットメントするにしても、それとは別に、一度、自分の心の奥に眠るいわば東アジア的感性にたち帰り覚醒させて、その上で将来へ視線を向ける必要があるだろう。その、回帰すべき東アジア的感性の原点に聖徳太子が立っている。彼は、エジプト的な死者崇拝の古墳文化から倭国を離陸させ、東アジア全体の平和構築を試みた。それゆえに、聖徳太子への探究は、過去への回帰であると同時に、将来への展望であり、そして自分自身の心のルーツを探る旅路でもあるだろう。

本書の出版に関して、いつもながら大学教育出版の佐藤守氏に御配慮を得た。心から感謝したい。

二〇一四年一〇月一〇日　　著者

巻末資料

聖徳太子49年間のおもな事項と上宮王家滅亡までの年譜

西暦	天皇年紀	年齢	おもな事項
五七四	敏達三	1	○太子誕生。［法王帝説］
五八五	一四	12	○用明天皇（太子の父）即位。
五八七	用明二	14	○用明没す。○大連物部守屋、穴穂部皇子の天皇擁立をはかる。大臣蘇我馬子、穴穂部皇子を殺し、太子・馬子ら物部守屋を滅ぼす。
五八八	崇峻元	15	○法興寺（飛鳥寺）の造営を開始。
五八九	二	16	○隋が中国を統一。
五九二	五	19	○蘇我馬子、東漢直駒に命じて崇峻天皇を殺害。
五九三	推古元	20	○推古天皇即位。○太子は皇太子となり、摂政となる。○四天王寺を難波に造営開始。
五九四	二	21	○三宝興隆の詔を発布。
五九五	三	22	○高句麗僧慧慈来日し、太子の師となる。また百済僧慧聡も来日し、ならびに三宝の棟梁となる。
五九六	四	23	○太子、伊予温湯に来遊［伊予温湯碑］。○法興寺の塔を建つ。
六〇〇	八	27	○新羅征討軍を派遣。○倭王阿毎多利思比孤、隋に遣使。［隋書倭国伝］
六〇一	九	28	○太子、斑鳩宮を造営開始。○新羅征討を議る。
六〇二	一〇	29	○来目皇子（太子の弟）を撃新羅将軍に任じ、征討軍が筑紫に集結。○百済僧観勒来日し、暦本などを伝える。○高句麗僧僧隆・雲聡来日。
六〇三	一一	30	○来目皇子、筑紫に没す。○当麻皇子（太子の異母兄）を征新羅将軍とするも、妻の死に遭って帰京、征討は未遂に終わる。○太子、秦河勝に仏像を授け、河勝は蜂岡寺（広隆寺）を建立する。○冠位十二階を制定する。○推古天皇、小墾田宮に遷る。
六〇四	一二	31	○冠位を諸臣に授与する。○太子、憲法十七条を作る。○朝礼を改む。
六〇五	一三	32	○太子、斑鳩宮に遷る。○高句麗、丈六像のための黄金を献上。
六〇六	一四	33	○太子、勝鬘経を講説するという（法王帝説は五九八年とする）。○太子、法華経を講ずるという。
六〇七	一五	34	○壬生部を定む。○小野妹子を隋に遣わす。○倭・山背・河内に池・大溝を造り、また国ごとに屯倉を置く。○法隆寺金堂薬師像成る。［同光背銘］

六〇八	一六	35	○小野妹子、隋使裴世清を伴って帰朝。○隋使帰国にあたり、妹子を再び隋に遣わす。学生・学問僧ら八人従う。
六〇九	一七	36	○倭国、隋に遣使。[隋書煬帝紀]○飛鳥寺丈六像（飛鳥大仏）完成。[元興寺縁起所引丈六光銘]○遣隋使小野妹子帰国。
六一〇	一八	37	○倭国、隋に遣使。[隋書煬帝紀]高句麗王の派遣した僧曇徴、紙・墨などの製法を伝える。○新羅・任那の使者来日。
六一一	一九	38	○菟田野に薬猟を行う。○新羅・任那の使者来日、朝貢。
六一二	二〇	39	○羽田に薬猟を行う。百済渡来の斑白の人、須弥山と呉橋を造る。○百済人味摩之来日、伎楽を伝える。
六一三	二一	40	○掖上池・畝傍池・和珥池を造る。また難波から京に至る大道を開く。○太子、片岡に遊行して飢者に衣食を与えるという。
六一四	二二	41	○薬猟を行う。○犬上御田鍬らを隋に遣わす。
六一五	二三	42	○犬上御田鍬ら帰朝。○高句麗僧慧慈帰国。
六一六	二四	43	○掖玖人、帰化す。○新羅、仏像を貢る。
六一八	二六	45	○高句麗朝貢す。○隋滅び、唐興る。
六二〇	二八	47	○太子、蘇我馬子と議って天皇記・国記・臣連伴造国造百八十部并公民等本記を録す。
六二一	二九	48	○太子の母穴穂部間人大后没す。[法隆寺金堂釈迦像光背銘・天寿国繡帳銘]
六二二	三〇	49	○太子没す。[法隆寺金堂釈迦像光背銘・天寿国繡帳銘]（書紀は六二一年とする）。
六二三	三一		○止利仏師作の法隆寺金堂釈迦三尊像成る。[同光背銘]○新羅征討軍を派遣。
六二四	三二		○僧正・僧都・法頭を任命し、僧尼を検校させる。寺四六、僧八一六、民五六九を数える。○蘇我馬子、推古に葛城県の割譲を要　求、拒否される。
六二六	三四		○蘇我馬子没す。
六二八	三六		○推古天皇没し、皇位継承をめぐって田村皇子派と山背大兄王派が争う。
六二九	舒明元		○田村皇子即位（舒明天皇）。
六四三	皇極二		○蘇我入鹿、山背大兄王とその一族を斑鳩に襲い、自殺させる。上宮王家滅亡。

（水野正好・二〇一四年九月二八日・講演会資料一部改変）

■著者紹介

磯部　隆（いそべ　たかし）

1947年　神奈川県藤沢市に生まれる
1975年　名古屋大学大学院法学研究科博士課程修了
1995年　名古屋大学法学部教授
名古屋大学大学院法学研究科教授を経て
現　在　名古屋大学名誉教授

主な著書
『釈尊の歴史的実像』（大学教育出版、1997年）
『孔子と古代オリエント』（大学教育出版、2003年）
『華厳宗沙門 明恵の生涯』（大学教育出版、2006年）
『東大寺大仏と日本思想史』（大学教育出版、2010年）他

聖徳太子　倭国と東アジアの変革

2014年11月30日　初版第1刷発行

■著　　者――磯部　隆
■発 行 者――佐藤　守
■発 行 所――株式会社大学教育出版
〒700-0953　岡山市南区西市855-4
電話(086)244-1268(代)　FAX(086)246-0294
■印刷製本――モリモト印刷㈱
■D　T　P――ティーボーンデザイン事務所

ISBN978－4－86429－309－9

好評発売中

東大寺大仏と日本思想史

—大仏造立・再興の意味を問う—

磯部　隆　著

定価：本体 2,600 円＋税　ISBN 978-4-88730-955-5

東大寺大仏の造立，再建等の政治と宗教をめぐる劇的出来事を解明する。

華厳宗沙門 明恵の生涯

磯部　隆　著

定価：本体 2,500 円＋税　ISBN 4-88730-722-5

明恵の心と精神の歩みを見つめ，内面史的に追跡することを試みる。

釈尊の歴史的実像

磯部　隆　著

定価：本体 2,200 円＋税　ISBN 4-88730-205-3

仏教の開祖釈尊の生涯を教典類の分析により学問的に再構成する。

孔子と古代オリエント

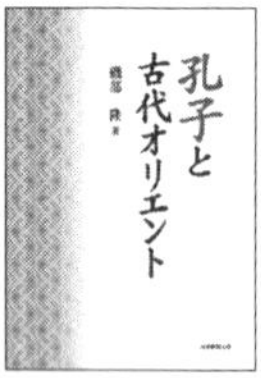

磯部　隆　著

定価：本体 2,200 円＋税　ISBN 4-88730-512-5

共通の座標軸において比較吟味し，思想の独自性と共通性を論じる。

古代中国における儒の思想と道の思想

鳥谷部平四郎　著

定価：本体 1,200 円＋税　ISBN 4-88730-687-3

歴史を概観し，伝統的思想の基盤「儒」と「道」の思想を考察する。

聖伝の構造に関する宗教学的研究

宮本要太郎　著

定価：本体 5,000 円＋税　ISBN 4-88730-511-7

聖徳太子伝を分析解釈しながらイエス伝や仏伝と比較し構造を論じる。